KB042240

통계학을 싫어하는 이를 위한 STATA 입문서

STATA
친해지기

| 정성호 |

박영사

머리말

　내가 학창시절에 가장 싫어했던 과목은 수학이었다. 하지만 인생이란 게 묘해서 이제는 수학을 응용한 통계학을 가르칠 뿐 아니라, 실제 계량분석을 즐겨하게 되었다. 통계학 자체는 매력적이지만, 이것을 사회과학 계열 학생들에게 가르치는 데는 많은 고충이 따른다. 저자가 그러했듯이 사회과학 계열을 공부하는 학생들은 스스로가 수학이 싫어서, 또는 수학을 못한다고 생각하기 때문에 시작한 공부였지만 수학개념이 빠진 학문은 찾아보기 힘들다. 이들에게 고도의 수학 응용 과목인 통계학을 배우라고 강요하는 것은 무리라 판단된다. 따라서 수학을 활용하지 않고 STATA에 관한 기본구조를 이해하고, 프로그램을 쉽게 활용할 수 있도록 집필하는 것을 가장 큰 목적으로 하였다. 이 책은 스스로가 통계학을 싫어한다고 생각하는 학생들을 위해 쓴 STATA 입문서라고 봐도 무방하다.

　또한 이번에도 출간을 허락해주신 도서출판 박영사에 감사드리며, 늘 큰 가르침을 주시는 배득종 교수님께 감사드린다. 특히 이 책은 사랑하는 아내 숙에게 오롯이 바친다.

2016. 3. 22
시애틀에서 저자

차 례

들어가며

어떤 책인가?
누구를 위한 책인가?
어떤 내용을 다루나?
어떻게 활용하나?

어떤 책인가?

오늘날 통계프로그램은 사회과학의 광범위한 영역에서 보편적으로 활용된다. 사회과학분야에서 다양한 사회현상을 설명하기 위해 통계프로그램을 활용한 인과관계 등을 검증할 필요성이 증대되었기 때문이다. 이를 위해 실제 통계분석과정은 기초적인 통계는 물론 다양한 분석기법을 응용한 고급통계까지 수행된다.

다만 통계학의 기본적인 원리의 이해가 수반되어야 한다. 왜냐하면 하나의 통계분석방법을 정확히 이해하지 못하면 엉뚱한 분석결과가 도출되기 때문이다. 다양한 응용에 앞서 하나의 통계기법을 정확히 이해하는 것이 무엇보다 중요하고 필수적인 과정이다.

최근 들어 다양한 통계프로그램이 보급되어 전문적인 학술분야는 물론 다양한 실무분야에서도 보편적으로 활용된다. 그러나 막상 공부를 시작하려 하면 자기에게 적당한 교재를 찾기가 어렵고, 혹자들은 교재를 선택했다 하더라도 종종 책을 덮는 경우가 많다. 왜냐하면 독자중심에서 내용을 전개하지 않기 때문이다.

이러한 현상들은 기존교재들의 내용상의 문제는 아닌 듯하다. 다만 논의의 전개과정에서 독자들이 쉽게 이해할 수 있도록 하는 방법상의 한계에서 기인된다고 할 수 있다. 예컨대 지나치게 원론 위주의 내용을 전개하고 있어 수학적 배경지식이 부족한 사회과학을 전공하는 학생들이 이해하는 데 한계가 있고 그로 인해 쉽게 포기하게 된다.

저자는 기존 교재들이 가지고 있는 이러한 부족함을 조금이나마 메우고자 집필하게 되었다. 또한 SPSS에 관한 교재는 비교적 많으나 STATA를 공부하기에 적당한 교재가 없다는 점도 또 하나의 이유이다.

이 책은 사회과학영역에서 활용되는 모든 통계기법들을 소개할 것이다. 궁극적으로는 연구자나 실무자들이 쉽게 접근이 가능하도록 도와주는 입문서라고 보면 된다. 그렇다고 지나치게 단순화하여 결과만 해석하는 오류를 범해서는 안 되기 때문에 기본 개념과 원리에 대한 설명을 하고자 한다.

특히, 연구자가 필요한 통계에 적용이 가능한 가정(assumption)들을 논의하면서 실제 응용하는 방법 등을 소개한다. 예를 들면 다중공선성과 이분산 등이 발생하는 경우 이를 어떻게 해결하는지를 논의한다.

실제분석에 활용된 모든 예제파일은 STATA에 탑재된 예제파일(example datasets)이다. 이는 독자들이 손쉽게 STATA에 탑재된 예제파일을 이용하여 분석할 수 있는 기회를 제공한다. 이론과 실습을 병행하는 것은 학문의 체계화에 기여할 수 있을 뿐만 아니라 독자들로 하여금 이해의 폭을 넓힐 수 있기 때문이다.

누구를 위한 책인가?

이 책은 원론적인 통계학 입문서가 아니라 STATA를 활용하여 사회과학분야의 통계분석을 정확히 이해하고자 하는 독자들을 위해 쓰여진 책이다. 사실상 지면의 제한으로 방대한 통계분석을 모두 다루지는 못했지만 필수적인 통계분석은 다루고 있기 때문에 기본적인 통계분석의 메커니즘을 이해하면서 실제 연구에 적용할 수 있을 것이다.

그러므로 이 책은 학부과정생과 석사과정생은 물론 실무에서 통계분석이 필요한 모든 독자들이 활용하기에 적합하다. 물론 실증분석 논문을 정확히 읽고 이해하기를 원하는 독자들 모두에게 유용한 길잡이가 될 것이다.

이 책은 학부과정생과 석사과정생이 중·고등학교 수준의 수학지식이 있으면 충분히 소화가 가능하며, 통계분석을 수행하고자 할 때 유용하게 활용될 것이다.

어떤 내용을 다루나?

　이 책은 총 8장으로 구성되어 있다. 먼저 1장은 통계학 들어가기에 대해 논의하고 있는데, 통계학을 배우는 이유, 통계분석에 활용되는 자료, 실증분석자료 수집 방법에 관해 소개한다. 2장은 STATA에 관한 소개와 데이터의 관리와 활용에 대해 논의하였다. 3장은 기초통계에 관해, 4장은 신뢰도분석에 대해 논의하였다.

　5장은 회귀분석의 기본원리와 가정들(SLR, MLR)을 이해하고 단순선형회귀분석, 다중선형회귀분석은 물론 비선형모형을 추정하는 방법을 논의하였다. 또한 로지스틱회귀분석과 다중공선성과 이분산성을 검증하는 방법을 소개하였다. 6장에서는 카이제곱검정을, 7장은 T검정을, 8장에서는 분산분석을 활용해 집단 간 차이를 분석하는 방법을 논의한다. 실증분석과 관련된 do-파일은 각 장 말미에 제시하고 있다.

어떻게 활용하나?

　이 책은 전반부(1-4장)는 데이터 관리방법에 관해, 후반부(5-8장)는 OLS방식의 통계분석방법에 관해 설명하고 있다. 우선 흔히 사용되는 OLS기법을 활용하여 연구를 진행하는 독자들을 위한 입문서이라고 이해하면 된다.

　앞서 언급하였지만 이론과 실습의 병행은 그야말로 자신만의 철옹성을 구축할 수 있는 계기가 되는 만큼 꾸준한 공부가 필수적이다. 이론을 통해 배운 내용을 자신의 연구에 접목시켜 직접 활용한다면 머지않아 통계프로그램을 응용하는 단계에 도달할 수 있다는 점을 명심해야 한다.

통계학 들어가기

제 1 장

1.1 통계학적 지식의 활용

통계학은 지식을 만들어 그 지식을 축적해 나가는 과정이라고 할 수 있다. 왜냐하면 통계학은 간단한 수치자료를 활용하여 사회현상을 예측하고 판단할 수 있기 때문이다.

우리는 무엇을 위해 통계학을 배워야 하는지 진지하게 고민할 필요가 있다. 통계학의 궁극적인 목적은 간단한 수치자료를 활용하여 사회현상을 설명하는 것이다. 이것이 바로 통계학이 존재하는 의의가 아닌가 싶다. 만약 그렇지 못하다면 통계학의 존재의의는 없다.

통계학의 기초부터 잘 이해해야 지식을 만들어 낼 수 있다. 만약 통계학의 기초를 정확히 이해하지 못한다면 아예 결과를 도출하기도 힘들겠지만 반대의 결과로 오히려 사회현상을 반대로 예측하여 엄청난 기회비용이 들지도 모른다.

따라서 통계학의 기초부터 정확히 이해하여 지식을 만들어 내는 제반과정을 학습할 필요가 있다. 그렇다고 통계학 전체를 배우라는 의미는 아니다. 우리가 필요한 것은 통계의 기초적 논리추론과정과 결과의 해석을 할 수 있으면 된다. 그 과정이 비로소 지식의 축적과정이고 그래야만 통계수치자료를 활용해 사회현상과 유사한 설명이 가능하다.

바야흐로 사회현상을 설명할 때 통계의 힘을 빌리지 않고서는 제대로 설명할 수 없다고 해도 과언은 아닐 것이다. 그러므로 통계학에 대한 기초적 이해의 폭을 넓힐 필요가 있다. 그래야만 언론 등에서 이야기하는 신뢰수준과 오차범위 등을 이해할 수 있기 때문이다.

사회가 아무리 복잡하고 다양하다고 하더라도 사회현상에 일정한 패턴이 존재한다면 통계의 존재의의가 있는 것이다. 사회가 복잡해질수록 합리적인 판단이 중요하기 때문이다. 흔히 우리는 불완전한 정보를 근거로 선택하면서 살아가기 때문이기도 하다.

최근 들어 통계학의 활용사례는 점점 더 늘어나고 있다. 사회현상을 설명하기도 하지만 선거과정에서 요긴하게 활용된다. 이전이나 지금이나 선거에 활용되기는 마찬가지이다.

지난 대통령선거 과정에서 통계수치에 근거하여 누가 당선될 것인지? 득표 차이는 얼마나 날 것인지? 다양한 수치를 통해 결과를 예측하는 것을 보았을 것이다. 사회가 그만큼 복잡 다변화되어 통계자료를 빌리지 않고서는 정확한 예측이 불가하기 때문이다.

한편, 기업들이 마케팅조사 자료를 활용하여 기업전략으로 활용한다는 것은 누구나 알고 있을 것이다. 마찬가지로 개인들조차 중요한 의사결정을 할 경우에 통계분석자료를 활용하곤 한다. 더불어 정부부문의 의사결정과정에서 통계수치자료가 활용되고 있는 것은 이제 옛 이야기가 아니다.

이렇듯 통계학이 우리에게 미치는 긍정적 영향은 지대하다. 그렇다고 해서 통계학이 만병통치약은 아니다. 우리는 통계분석자료를 신뢰해야 하지만 신뢰해서는 안 될 경우가 종종 있다.

그 중 하나는 통계학이 합목적적 수단으로 이용하는 것을 전제하고 있지만 일부 필요에 의해 통계를 진행하여 무늬만 통계라고 불릴 정도로 자료를 왜곡하는 경우가 있기 때문이다. 즉, 치명적인 오류를 범하고 있는 것이다.

문제는 통계자료의 자의적이고 부적절한 해석, 연구자가 불리하다고 판단한 경우 원래 통계자료의 수정 등은 합리성을 극히 저해하고 있는 것이다. 만약 이러한 통계분석자료가 정부 재정정책과 연관된다면 엄청난 기회비용을 지불해야 한다.

또 다른 하나는 통계학이면 무조건 다 가능할 것이라는 맹신은 정말로 문제이다. 일부의 시각이지만 실증분석 결과는 당연히 유의미해야만 한다는 고정관념에 사로잡혀 있는 것을 종종 보게 된다.

통계학이 합리성을 향상시키는 도구이기는 하지만 언제나 유의미한 분석결과가 도출될 리는 없다. 때로는 실증분석결과가 유의미하지 않고, 때로는 가설과는 반대의 결과가 오히려 현실성 있는 대안일 수도 있기 때문이다.

사회과학을 전공하는 우리들은 간단한 통계원리 정도만 알면 된다. 저자의 견해는 통계학의 기본추론 원리만 알면 되지 통계학자가 아닌 이상 통계추론과정 전체를 학문적으로 풀어낼 필요는 없다고 본다. 그러한 과정은 통계학자의 몫으로 남겨두면 된다. 다만 연구자가 설정한 변수에 적합한 모형을 찾아 통계프로그램을 활용하기만 하면 된다.

통계학을 배워야 하는 이유는 새로운 지식사회에서 생존하기 위한 하나의 대안이다. 우리는 다양한 방법으로 지식을 축적시킬 수 있다. 우선 책을 많이 읽든지, 아니면 실제 경험과 시행착오로 지식을 습득하는 방법 등이 있겠다.

다만 좀 더 가치 높은 지식을 축적하는 방법 가운데 통계학을 배워 이를 잘만 활용한다면 더욱 풍요로운 지식사회의 새로운 개척자가 될 수 있을 것이다.

1.2 실증(계량)분석에 활용되는 자료

실증분석에 활용되는 자료는 다양한 유형이 있다. 실증분석에 자주 활용되는 자료는 다음과 같다.

횡단면 자료(cross-sectional data)

횡단면 자료는 어느 한 시점에서 개인 또는 집단(도시, 국가)으로부터 얻은 자료를 말한다. 일반적으로는 자료수집 기간은 동일한 시간대(비교적 짧은 시간)를 의미하지만 경우에 따라서는 몇주 간 자료가 수집될 수도 있다. 횡단면 자료는 통상 설문지 등의 방법을 활용하여 수집하게 된다.

횡단면 자료는 경제학 분야 등에서 장기간 데이터가 축적된 것과는 달리 거의 동일한 시간에 모집단으로부터 데이터를 수집하게 된다. 이제 모집단으로부터 100명의 노동자를 임의추출방법으로 자료를 수집하였다고 가정해보자. 변수로는 임금(만원), 교육수준(년), 총근무경력(년), 결혼여부(0: 미혼, 1: 기혼)를 활용하였다.

obs_no	wage	education	total-exp	married
1	250	13	4	0
2	340	11	7	1
3	300	15	4	0
4	450	15	8	1
...	...	...	...	...
99	230	13	4	0
100	540	15	6	1

쉬어가기

모집단 vs. 표본집단

하나의 모집단은 여러 표본집단으로 구성되어 있다.

그림 1-1 ▌ 하나의 모집단으로부터 추출된 무수히 많은 표본집단들

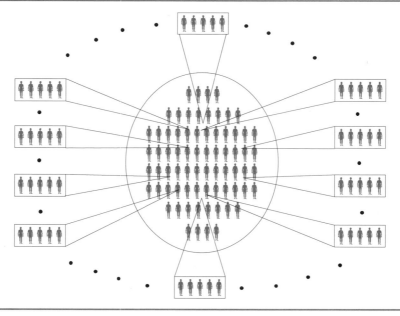

자료: 배득종 · 정성호(2013). p.45

그림 1-2 ▌ 표본집단들과 통계량

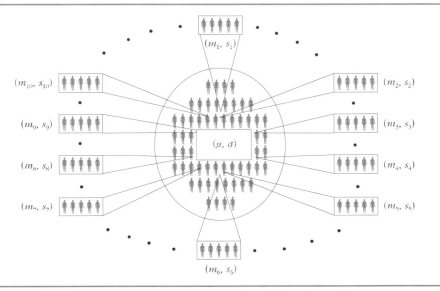

자료: 배득종·정성호(2013). p.46

시계열자료(time series data)

시계열자료는 시간에 걸쳐 변수들을 관측하여 수집한 자료이다. 이 자료는 연단위, 분기단위, 월단위, 일단위 등으로 자료가 집계된다. 예컨대 국가의 경우 GDP(달러), 실업률(%), 최저임금(원) 등의 변수에 대해 1980년부터 2015년까지 자료를 수집하였다고 가정하면 다음과 같다.

obs_no	year	GDP	실업률	최저임금
1	1980	15,000	10	3,000
2	1981	15,200	8	3,000
3	1982	16,500	5	3,200
4	1983	18,500	7	3,200
...	...	...	...	...
25	2014	25,000	19	5,400
26	2015	25,100	25	6,050

통합 횡단면 자료(pooled cross-sectional data)

통합횡단면 자료는 횡단면과 시계열자료의 성질을 동시에 지니고 있다. 예컨대, 우리나라의 경우 5년마다 인구총조사를 실시하게 되는데, 동일한 자료를 수집하기 위해 2010년에 실시된 문항을 2015년에도 동일하게 활용한다. 변수로는 소득(백만원), 저축(백만원), 가구원수(명)에 관해 임의표본 형식으로 자료를 수집하였고 그 결과는 다음과 같다.

obs_no	year	소득	저축	가구원수
1	2010	5,200	700	4
2	2010	3,800	540	3
3	2010	4,900	980	4
4	2010	6,500	1,020	4
...	...	...	...	...
497	2015	5,900	560	3
498	2015	5,400	985	3
499	2015	4,900	650	4
500	2015	3,700	450	4

패널 자료 또는 종단면 자료(panel data or longitudinal data)

패널 자료 또는 종단면자료는 여러 횡단면에 걸쳐 각 개체들이 각각의 시계열자료로 구성되어 있다. 예컨대 개체별로 2006년부터 2015년까지 10년간 자료가 축적되어 있다고 가정할 때, 17개 광역지방자치단체의 인구(십만명), 실업률(%)에 관해 도식하면 다음과 같다.

obs_no	city	year	인구	실업률
1	1	2006	700	14
2	1	2007	710	13
3	1	2008	721	14
4	1	2009	723	14
...	...	...	...	...
497	17	2012	560	12
498	17	2013	563	13
499	17	2014	565	14
500	17	2015	570	16

1.3 실증분석 데이터 수집방법

이론적으로는 임의 표본추출(random sampling)이 표본집단의 품질을 보증하는 가장 우수한 방법이다. 그러나 이미 언급하였듯이, 이 방법을 현실세계에서 적용하려면 많은 노력을 들여야 하는 문제점이 있다. 그래서 현실적으로는 무작위 표본추출방법 대신 다음과 같이 실용적인 방법들이 많이 사용된다.

(1) 층화추출법(stratified random sampling)

예를 들어, 공무원에 대한 의견조사를 한다고 할 때, 모집단은 10급 공무원부터(일반행정직은 9급 공무원부터 시작하지만, 기능직종은 10급부터 시작함) 1급 공무원까지 다양한 사람들이 포함된다. 그런데 이 모집단으로부터 일정 수의 표본을 추출한다 했을 때, 1급 공무원 등 상위직 공무원들은 표본집단에 추출되지 않을 가능성이 있다. 우선 1급 등 고위 공무원은 그 숫자가 적을 뿐

더러 워낙 바쁜 직책을 맡고 있어서 접근 가능성이 낮다. 이럴 경우 고위직 공무원이 표본집단에 포함되지 않은 상태에서 조사한 공무원 의견조사 결과는 사실상 전체 공무원의 의견이라기보다는 중하위직 공무원에 대한 의견조사이다.

이런 문제를 보완하기 위해 고안된 표본추출법이 층화추출법이다. 이 방법은, 예를 들어 공무원을 실무직, 관리직, 고위직으로 구분하고, 각각의 세부집단별로 표본을 추출하는 것이다. 또 공무원을 일반행정직, 기능직, 특수직 등으로 구분하여 각각의 세부집단으로부터 표본을 추출하는 것도 층화추출법이다. 이런 층화추출법은 매우 광범위하게 사용되고 있으며, 현실세계에서는 다른 추출방법들과 혼합해서 사용되기도 한다.

(2) 집락추출법(cluster sampling)

집락추출법은 번역하기에 따라서 군집추출법이라고도 한다. 공무원의 경우 실무직, 관리직, 고위직으로 나누어 표본을 추출할 수도 있지만, 행정부처들 중 하나만 선택하여 표본을 추출한다면, 그 속에 실무직, 관리직, 고위직이 모두 포함되어 있을 것이다. 즉, 정부의 중앙행정관서는 약 50개 정도 되는데, 이들 50개 부처청에는 1급 공무원부터 9급 공무원이 공통적으로 근무하고 있다. 따라서 어느 한 부처청을 선택하여 조사한다면, 자연스럽게 다양한 직급의 공무원 의견이 조사된다.

이러한 집락추출법 역시 현실세계에서 광범위하게 사용되고 있다. 예를 들어, 우리나라의 지역 감정을 조사한다고 했을 때, 호남 전지역과 영남 전지역의 주민들을 조사할 필요는 없다. 영호남의 일부 지역 주민들에 대한 의견조사를 실시하면, 그 표본집단 안에 다양한 직종과 연령과 학력 수준 등을 대변하는 표본들이 포함될 것이다. 집락추출법 역시 다른 추출법과 혼합해서 사용되곤 한다.

(3) 체계적 추출법(systematic sampling)

이 방법은 하나의 표본구간으로부터 n번째 표본을 조사대상으로 추출하는 방법을 말한다. 예를 들어, 주민조사를 할 경우 전 주민을 모두 조사할 수는 없으므로, "동사무소로부터 오른쪽으로 매 10번째 가구를 조사한다"는 방식으로 표본을 추출하는 것이다. 아파트의 경우라면 "짝수 동, 짝수 층 거주자"를 표본으로 추출하는 것도 이 방식이다.

(4) 의도적 추출법(purposive sampling)

표본추출에 있어서 조사자는 어떻게 하면 적은 노력으로 많은 응답을 얻을 수 있을지 고민해야 하는데, 이 때 그는 그동안 축적된 경험과 판단에 의하여 표본집단을 구성하게 된다. 쉽게 말하자면, 모르는 사람들에게 의견조사를 부탁하는 것보다 안면이 있는 사람을 통하는 경우가 훨씬 더 효율적으로 표본조사를 할 수 있다. 이럴 경우 무작위 표본추출방법의 ① 독립성 조건과 ② 불편성 조건을 모두 위배하면서까지 표본을 추출하게 된다. 이론적으로는 문제가 있지만, 현실적으로는 매우 많이 사용되는 표본추출법이다.

(5) 혼합추출법(multi-stage sampling)

표본조사의 효율성을 높이기 위해 다양한 추출방법을 혼합해서 사용하기도 한다. 예를 들어, 공무원에 대한 의견조사를 하는 경우, 1차적으로 어느 특정 부처를 지정한 다음, 그 부처 내에서 실무직, 관리직, 고위직 공무원들을 분리하여 표본추출 하되, 그동안의 경험을 활용하여 의도적 추출법을 적용하여 표본집단을 구성한다. 이런 방법을 학술적으로 표현하자면, 제1차적으로 집락추출법을 적용한 후, 제2차적으로 층화추출법을 사용하고, 그 다음에 체계적 추출법 또는 의도적 추출법을 적용하는 경우라고 할 수 있다.

혼합추출방법에 특정한 방식이 있는 것은 아니고, 그것은 조사분석의 목적, 모집단의 특성, 조사의 효율성 등에 따라 다양하게 선택된다.

자료: 배득종 · 정성호(2013). pp.39-41

STATA 소개 및 데이터 관리 · 활용

제 **2** 장

2.1 STATA 소개

Stata는 1980년대 중반 미국의 StataCorp이 개발한 통계소프트웨어이다. 이 프로그램은 학술적 용도뿐만 아니라 업무용 등 다양한 분야에서 데이터 입력, 데이터 관리 및 조사 분석을 목적으로 만들어졌다. 현재는 사회학, 정치학 등 다양한 사회과학분야와 의학분야 등 다양한 분야에서 광범위하게 이용되고 있다.

기존의 통계프로그램인 SPSS와 SAS보다 늦게 보급되었음에도 불구하고 기존 프로그램을 대체해 가고 있는 실정이다. 다양한 패키지를 포함하여 프로그램이 업데이트되고 있어 사용자가 더욱 확대될 전망이다.

Stata는 데이터 관리와 그래픽그리기 등 탁월한 능력을 발휘한다. 광범위한 통계분석이 가능하기 때문에 다양한 분야에서 활용이 가능하며, 사용자(user)중심의 프로그램을 개발할 수도 있고 이를 서로 공유하는 시스템이다.

모든 분석절차가 메뉴방식으로 구성되어 사용자가 쉽고 편리하게 이용할 수 있다. 더불어 능숙한 사용자라면 명령어를 통해 쉽게 처리가 가능하다. 즉, 메뉴와 명령어 입력방식을 같이 사용할 수 있다.

인터넷과 상호작용을 통해 업데이트는 물론 다양한 부가기능을 이용할 수 있다. 새로이 추가되는 프로그램 파일은 인터넷을 통해 쉽게 검색하여 설치가 가능하다. 실제 추정간 다양한 문제가 발생할 경우 결과창에 팁(예: 오류코드)이 제공되고 이와 연관하여 웹상에서 문제해결이 가능한 시스템이다.

Stata는 1984년 버전 1.0을 시작으로 2015년은 버전 14.0이 출시되어 그동안 다양한 기능이 추가되어 더욱 편리하게 이용할 수 있다. 버전 12.0부터는 SPSS와 연계된 AMOS보다 더욱 쉽고 편리하게 구조방정식모형을 구동할 수 있다. 특히, 버전 14.0으로 업그레이드되면서 다양한 분석방법이 추가됨은 물론 다양한 언어들을 활용할 수 있다(예, unicode). Stata는 <표 2-1>에 제시된 바와 같이 네 가지 종류가 있다(실제 웹상에 지원되는 Numerics by Stata도 있기는 하다).

표 2-1 ▌ Stata의 구분 및 특성

구분	Stata MP	Stata SE	Stata IC	Stata small
처리속도	최상		상	중
최대변수개수	32,767		2,047	99
처리가능변수 (한번)	10,998		798	99
최대관측치개수	RAM 허용범위			1,200
최대문자변수	244글자		80글자	80글자
64bit가능여부	모두 가능, 다만 MP만 Dual core가능			
지원OS	Windows, Mac(64-bit Intel),or Unix	Windows, Mac, or Unix	Windows, Mac, or Unix	Windows, Mac, or Unix
메모리/ 여유공간	512M/500MB			

자료: www.stata.com

2.2 STATA에서 가능한 통계기법

Stata에서 분석이 가능한 통계기법은 아주 다양하다. 일반적으로 OLS, GLS, Panel 분석 등으로 구분하여 설명이 가능하다.

먼저 OLS에 근거한 통계는 (다중)회귀분석(reg), 교차표분석(tab, chi2), T-검정(ttest), 분산분석(ANOVA)이 가능하다.

더불어 OLS보다 더 효율적인 분석결과를 위해 GLS기법은 회귀모형(xtgls)을 활용할 수 있고, 다양한 모형의 패널분석이 가능하다. 패널분석모형에는 패널회귀모형 xtreg(be, fe, re, pa), 동적패널모형(xtabond, xtabond2, xtpdpsys), 패널GEE모형(xtgee=xtreg, pa), 패널로짓모형(xtlogit), 패널프로빗모형(xtprobit) 등이 있다.

한편 OLS에서 간과되기 쉬운 오차항에 관한 가설은 FE(xttest 2, xttest 3), RE(xttest 0, xttest 1), 자기상관추정(AR(1)), hausman test, sargan, hansen test 등을 활용해 검정이 가능하다.

Stata 버전 12.0부터는 구조방정식(sem)을 쉽고 편리하게 활용할 수 있다는 것이 가장 큰 장점이다. 더 나아가 Stata는 그래프 편집 기능 등 다양하고 강력한 수단(tool)이 될 것으로 기대한다. 다만 본서에는 OLS방식의 통계분석방법만을 다룰 것이다.

2.3 STATA 시작하기

Stata를 설치하고 난 후 처음 시작화면은 다음 〈그림 2-1〉과 같다.

그림 2-1 ▎ Stata시작화면

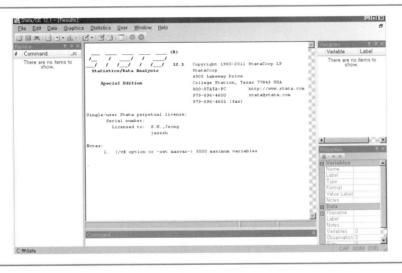

화면 맨 위에 좌측 File부터 우측 Help까지 다양한 메뉴들이 있으며 그 아래 4개의 작업창이 있다. 맨 왼쪽 위에는 Review창이 있고, 화면 중앙에 Results창이 있으며, 화면 중앙 아래에 Command창이 있고, 맨 우측 위에 Variables창이 있다.

Variables창은 변수의 이름, 변수의 레이블, 변수의 형태 및 포맷 등 다양한 정보를 보여준다. Command창은 실행하고자 하는 명령어를 입력하는 창이다. 명

그림 2-2 ▌ 다양한 명령어창

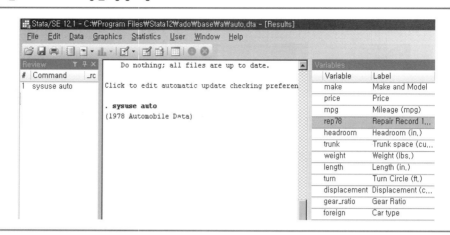

령어를 수행하면 Review창에 그 명령어가 기록되고 Review창에 기록된 해당 명령문을 더블클릭하면 바로 그 명령어를 다시 실행할 수 있다.

위 그림은 실제로 command창에 예제데이터를 불러들이기 위해 sysuse auto를 입력한 결과이다. Results창에는 sysuse auto(1978 automobile data)가 나타나고 좌측 Review창에는 command창 내용이 자동으로 저장된다. 만약 이 명령어(데이터)를 다시 불러들이고 싶다면 더블클릭하면 command창에 내용이 입력되고 실행된다.

한편 Variables창에는 모든 변수와 그에 관한 라벨 등의 자료가 표시되어 자료의 내용을 확인할 수 있다. 추가적인 데이터의 내용을 확인하고 싶으면 Variables창 아래 Properties창의 내용을 확인하면 되는데 그 내용은 다음과 같다.

〈그림 2-3〉에서 price변수는 동일한 라벨명칭으로 정의되어 있다. 또한 변수의 형태(숫자변수)와 포맷이 기록되어 있다. 그 바로 밑에 data는 자료전체의 개괄적인 설명이 되어 있다. 먼저 변수명(auto.dta)과 label에 관해 설명하고 있다. 이어 변수의 수는 12개이고 전체 표본수가 74개임을 알려주고 있다.

아래 〈그림 2-4〉는 화면 중앙에 있는 Results창은 명령문이 실행되어 결과가 제시되는 창인데, 분석결과를 다양한 형태로 옮겨 편집, 저장할 수 있다. 예컨대 붙여넣기를 원하는 분석결과가 있다면 왼쪽 마우스를 클릭한 상태에서 드래그한

그림 2-3 ▌ 변수창

그림 2-4 ▌ 분석결과의 복사방법

후 오른쪽 마우스를 클릭하면 여러 가지 메뉴가 나오게 된다. 그 종류는 copy, copy text, copy table, copy table as HTML, copy as picture가 있다.

일반적으로는 copy나 copy text를 선택하여 한글과 같은 문서작성 프로그램에 붙여넣기하면 된다. 또한 표(table)의 형태로 분석결과를 저장하고 싶으면

copy table을 클릭한 후 한글에 붙여넣기한 다음 한글(한글 2010 기준) 상단 메뉴에 있는 입력(D)＞표(T)＞ 문자열을 표로＞ 자동으로 넣기＞ 탭을 설정하거나, 입력(D)＞표(T)＞ 문자열을 표로＞ 분리방법 지정＞ 설정을 적용한 후 약간의 추가적인 작업을 하면 완벽한 표로 변환이 가능하다. 또한 그림의 형태로 저장하고자 할 경우 copy as picture를 적용하면 되는데, 이 경우에는 편집이 불가능하다.

2.3.1 업데이트, 로그파일

Stata는 인터넷 접속을 통해 프로그램을 업데이트를 할 수 있다는 점에서 아주 유용하다. 프로그램을 설치한 후 먼저 update all을 실행하면 최근까지의 제반 프로그램을 업데이트해준다. 이때 반드시 인터넷과 접속이 되어 있어야 한다. 이 명령어를 실행하게 되면 http://www.stata.com에 접속하여 update 파일이 자동으로 install된다.

update all

그렇다고 해서 모든 ado파일이 업데이트되는 것은 아니다. 필요할 경우 파일을 검색(예: findit)하여 설치해야 할 경우가 있다.

프로그램 상단 메뉴에서 edit＞ preference＞ general preference를 선택한 후 internet 탭에서 enable automatic update checking에서 update 주기를 설정할 수 있다.

실제 분석하는 가운데 에러메시지(예: variable prise not found, r(111)가 나타날 경우 그 에러메시지에 정확한 설명은 파란색 r(111)을 클릭하면 알 수 있다. 예컨대 종전의 예제처럼 price를 prise로 잘못 입력한 경우인데, 경우에 따라서 문제해

그림 2-5 ▌ findit 사용법

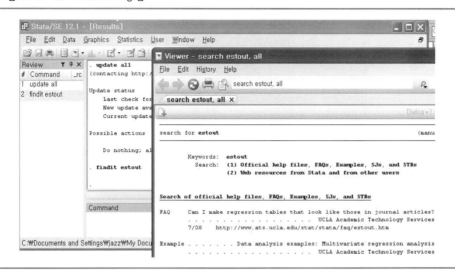

결 파일을 찾는 경우가 종종 있다. 이때 findit 명령어(xxx)를 통해 새로운 명령어를 다운받아 install해야만 한다.

〈그림 2-5〉는 표 편집기능이 있는 estout를 찾아 install하는 과정을 설명하고 있다. 만약에 프로그램상에 estout이 install되어 있지 않았을 경우 estout명령어를 실행했을 때 실행이 안 되고 에러메시지가 뜬다. 이를 치유하기 위해 findit estout를 실행하게 되며 그 다음은 적절한 것을 찾아 install하면 된다.

Stata의 Results창은 실행한 명령문과 분석결과가 동시에 화면에 표시된다. 따라서 Results창에 보관할 수 있는 용량이 한정되어 있어 일정한 시점이 되면 이전 분석결과의 일정부분이 사라지게 된다. 즉, 분석결과를 저장하는 데 한계가 있다는 점이다. 따라서 분석결과의 일정한 양을 초과하면 복사하여 붙여넣기를 해야 한다. 그러나 사용자가 일일이 복사하여 붙여넣기해야 하는 번거로움이 있지만 어느 시점에서 연구자가 필요한 데이터(분석결과)가 사라질지 예측이 어렵다.

따라서 연구자는 분석결과의 처음부터 끝까지 저장하여 보관할 수 있는데, 이것이 바로 로그파일의 설정이다. 로그파일은 로그 시작시점부터 종료시점까지 명령문과 실행결과를 text파일로 저장되기 때문에 열람 및 편집이 가능하여 아주

그림 2-6 ▮ 로그파일저장

유용하다. 파일의 확장자는 smcl로 저장되며 언제든지 불러들여 참고할 수 있다
(file> log> view).

　　Stata를 사용할 때 로그파일을 만드는 것은 필수사항이라고 보면 된다. 로그
파일을 만드는 방법은 file> log> begin으로 로그파일이 만들어지며, 로그파일
을 종료하려면 close를 적용하면 된다. 〈그림 2-6〉은 file> log> begin을 적용하
면 저장할 위치를 지정하게 된다.

　　저장할 위치는 바탕화면이고 파일명은 121117로 연구자가 자유로이 설정할
수 있다.

2.3.2 데이터 파일관리

　　데이터 파일은 문자변수와 숫자변수로 구분된다. 문자변수는 빨간색으로, 숫
자변수는 검정색으로 표시된다. 문자변수의 저장형태는 str이고 숫자변수의 저장
형태는 다양한데 byte, int, long, float, double의 형태가 있다. 프로그램에서 지원
되는 str은 244까지 가능하며 자동으로 저장형태를 지정해준다.

그림 2-7 ▎ 데이터 형태

Storage type	Minimum	Maximum	0 without being 0	bytes
byte	-127	100	+/-1	1
int	-32,767	32,740	+/-1	2
long	-2,147,483,647	2,147,483,620	+/-1	4
float	-1.70141173319*10^38	1.70141173319*10^38	+/-10^-38	4
double	-8.9884656743*10^307	8.9884656743*10^307	+/-10^-323	8

Precision for float is 3.795x10^-8.
Precision for double is 1.414x10^-16.

String storage type	Maximum length	Bytes
str1	1	1
str2	2	2
...	.	.
...	.	.
...	.	.
str244	244	244

다만 숫자는 정수일 경우 int, 0과 1의 값을 갖는 더미변수의 경우 byte, 숫자 변수의 디폴트(default) 저장형태는 float이다. 이해를 돕기 위해 상단메뉴 help창 을 통해 data type을 더욱 자세히 살펴볼 수 있다.

데이터의 저장형태를 알아보기 위해 예제파일 auto.dta파일을 불러들여 describe 명령어를 실행해보면 다음과 같이 자세한 정보를 제공해준다.

그림 2-8 ▌ describe 실행

```
. sysuse auto
(1978 Automobile Data)

. describe

Contains data from C:\Program Files\Stata12\ado\base/a/auto.dta
  obs:            74                          1978 Automobile Data
  vars:           12                          13 Apr 2011 17:45
  size:        3,182                          (_dta has notes)

                 storage   display    value
variable name    type      format     label    variable label

make             str18     %-18s               Make and Model
price            int       %8.0gc              Price
mpg              int       %8.0g               Mileage (mpg)
rep78            int       %8.0g               Repair Record 1978
headroom         float     %6.1f               Headroom (in.)
trunk            int       %8.0g               Trunk space (cu. ft.)
weight           int       %8.0gc              Weight (lbs.)
length           int       %8.0g               Length (in.)
turn             int       %8.0g               Turn Circle (ft.)
displacement     int       %8.0g               Displacement (cu. in.)
gear_ratio       float     %6.2f               Gear Ratio
foreign          byte      %8.0g      origin   Car type

Sorted by:  foreign
```

예를 들어 mpg변수의 포맷형태가 %8.0g로 표시되어 있는데 이는 숫자변수이고, 8자리의 소수점이 없다는 의미이다. 또한 make의 저장형태는 str로 문자변수임을 의미한다.

2.3.2.1 데이터 편집기와 데이터 브라우저

데이터 편집기는 두 가지 모드가 있는데, 데이터편집기(Data Editor)📝와 데이터 브라우저(Data Browser)📊이다. 데이터 편집기는 데이터를 수정하여 입력할 수 있고, 행에는 변수를 열에는 관찰값을 입력할 수 있다. 사용자에게 색깔로 표시하여 그 특성을 알 수 있게 하고 있는데, 문자열 변수는 빨간색, 값 라벨은 파

그림 2-9 ▌ 데이터 편집기 실행

란색으로 표시가 된다. 반면, 데이터 브라우저는 데이터를 수정할 수 없고 단지 데이터만 확인할 수 있다. 이는 사용자가 실수로 데이터의 수정 또는 변경을 방지하기 위함이다.

2.3.2.2 Do-파일편집기

Do-파일편집기(Do-file Editor)는 do-파일과 ado-파일 등 텍스트파일을 작성하기 위한 표준파일편집기이다. Do-파일은 다음 그림과 같이 do 실행기 (📝)를 클릭하면 untitled1.do파일 편집기가 열린다.

그림 2-10   ▌   do-파일편집기

　　Stata는 command 창에서 하나의 명령어를 입력하면서 개별 분석이 가능하지만 do-파일을 활용하면 연달아 분석이 가능하다. do-파일의 장점은 다음과 같다. 확실하게 의도한 대로 명령문을 입력하기 때문에 여러 가지 명령어를 연달아 실행할 수 있다.

　　또한 오류발견시 쉽게 수정이 가능하고 do-파일을 재실행할 수 있다. 또한 do-파일은 실행과정을 문서화할 수 있다. do-파일에 대한 개괄적인 설명을 하면 주석으로 활용할 수 있는 기호가 있다.

　　우선 do-파일 시작시 *로 시작하면 그 행은 주석으로 해석하게 된다(/*...*/ 도 동일한 의미임). 예를 들면 첫 번째 행에 * 회귀분석을 적고, 두 번째 행에 * sysuse. dta를 활용한 회귀분석으로 표시해두면 파일관리에 용이하다.

　　예시) 1. * 회귀분석, 경우에 따라서는 ** 회귀분석 **도 가능하다.

　　　　　2. * sysuse. dta를 활용한 회귀분석으로 표시하거나 한국행정학보 제출 등 목적을 명시하면 유용하다.

　　또한 구분기호(delimit)를 사용하면 한 행이 끝날 때 명령이 끝남을 의미한다. 통상 #delimit ;, 다음 행에서 명령문.... 그 다음 행에서 #delimit cr을 활용한다. ///을 입력하면 명령문이 다음 행에 계속됨을 의미한다.

　　다만, 명령어 창에는 *만 입력할 수 있고, // 나 /* ... */은 허용되지 않는다.

그림 2-11 ▌ do-파일 실행

```
reg price mpg rep78

    Source |       SS       df       MS

     Model |  144754063      2   7237703
  Residual |  432042896     66   6546104

     Total |  576796959     68   8482308

     price |    Coef.    Std. Err.

       mpg | -271.6425   57.77115
     rep78 |  666.9568   342.3559
     _cons | 9657.754   1346.54

reg price weight

    Source |       SS       df       MS

     Model |  184233937      1    184233
  Residual |  450831459     72   6261548

     Total |  635065396     73   8699525
```

```
* do-file function *  // reg analysis
* reg analysis using sysuse.dta
reg price mpg rep78
reg price weight
```

위 그림 우측 상단에 do-실행기에는 두 개 있는데, 하나는 do버튼이고, 또 다른 하나는 run버튼이다(🔲, 🔲). 왼쪽 run 명령어 버튼(execute quiety (run))은 아무런 출력결과를 표시하지 않고 분석만 실행한다. 반면 오른쪽 do 명령어 버튼 ((execute (do))은 현재의 do-파일에 적힌 내용을 실행한다(Ctrl+D 키를 눌러도 동일한 결과가 도출된다).

2.3.3 데이터 관리에 유용한 명령어

데이터 관리의 핵심은 변수에 관한 정확한 내용의 지정이다. 먼저 변수이름은 영어로 가급적 짧게 만드는 것이 좋다. 버전 14.0부터는 다른 다양한 언어도 가능하다. 변수에 관해 세부적인 설명이 필요하다면 label을 활용하여 자세한 설명을 달아 주면 된다. 또한 변수의 이름은 숫자로 시작해서는 안 된다(예: 2000price).

Help

명령어를 잘 모를 때 사용하기 쉬운 유용한 메뉴는 Help이다. 더불어 명령어는 소문자로 시작해야 한다는 것을 잊어서는 안 된다.

if 한정어(qualifier)

if 명령어는 적용될 관찰값을 선택할 때 사용되는 논리식이다. 명령어에 사용되기도 하고, 옵션으로 사용되기도 한다. 예를 들면 아래와 같다.

▶ sum age if sex==1 (1이 남자라면, 남자만 적용하라는 의미임)
▶ sum age if sex!=1 (1이 남자라면, 남자만 제외하라는 의미임)
▶ list id age age<=30 (30세 이하만 표시하라는 의미임)
▶ keep if sex==1 | age<=30 (1이 남자라면, 남자이거나 30세 이하라는 의미임)
▶ keep if !(sex==1 | age<=30) (1이 남자라면, 남자이거나 30세 이하가 아닌 모든 경우라는 의미임)
▶ replace oldage=. if age >=. (나이가 결측치이면 제외하라는 의미임)

지금까지 활용된 연산자는 통상 =, ==, >=, <=, >, <, !=, ~=, !, ~, &, | 로 요약이 된다. 논리식에 사용되는 연산자를 설명하면 다음과 같다.

=	등호	!=	비등호
==	지정(지시)등호	~=	비등호
>=	이상	!	아닌(부정)
<=	이하	~	아닌
>	초과	&	그리고
<	미만	|	또는

in 한정어

in 한정어는 명령어가 적용될 관찰값을 사용하기 위해 사용된다. in 한정어는 범위를 결정한다. 예를 들면 다음과 같다.

▶ list in 1/10 (1−10번째 관찰값을 표시하라는 의미임, 이때 모든 변수가 표시됨)
▶ list sex, age, weight in 23 (23번째 관찰 값을 표시하라는 의미임)
▶ browse age−weight in −10/−1 (데이터 브라우저에 있는 변수(age부터 weight까지)의 마지막 10개 관찰 값을 표시하라는 의미이고, −1은 마지막 관찰 값을 의미한다.

사소하지만 쉽게 틀릴 수 있어 주의가 요구되는 명령어는 "＝"와 "＝＝"이 있는데 이 둘의 명확한 구분이 필요하다. ＝는 등호의 의미를 지니지만, ＝＝는 지정의 의미를 지닌다고 보면 된다. 즉, "summarie if foreign＝＝1"은 foreign이라는 변수 값이 1인 것만을 지정하여 요약하라는 의미이다.

또한 "쉼표"와 "옵션"의 구분은 중요하다. 쉼표 다음에 오는 것은 옵션이라는 점을 잊어서는 안 된다. summarie, if foreign＝＝1은 옵션임을 명심해야 한다.

논리기호를 사용할 때 반드시 부등호, 등호 순으로 입력해야 한다("＜＝"). 같지 않다는 명령어는 "！＝" 또는 "～＝"를 쓰면 된다. 또한 and는 "&", or는 │ (\키+shift키)을, 한정어는 in을 쓴다.

findit, search

명령어의 기능을 잘 모를 때 이미 설명한 findit이나 search를 사용하면 된다. 일반적으로 명령어 등을 검색하기 위한 명령어라고 생각하면 된다.

tabulate & xi

더미변수를 만드는 방법은 tab과 xi가 있다. 먼저 tabulate를 이용하여 더미변수를 만들기 위해 예제파일인 nlsw88.dta를 활용하였다. 예제파일에서 인종의 구분은 백인, 흑인, 기타로 나누어진다. tab 다음에 범주형 변수(race)를 입력하면 범주형 변수의 빈도수를 보여준다. 또한 더미변수를 만들기 위해 추가로 gen(dum_race) 명령어를 사용하면 간단히 더미변수를 만들 수 있다.

그림 2-12 ▌ tab 실행

```
. tab race

       race │      Freq.      Percent         Cum.
────────────┼───────────────────────────────────
      white │      1,637        72.89        72.89
      black │        583        25.96        98.84
      other │         26         1.16       100.00
────────────┼───────────────────────────────────
      Total │      2,246       100.00

. tab race, gen(dum_race_)

       race │      Freq.      Percent         Cum.
────────────┼───────────────────────────────────
      white │      1,637        72.89        72.89
      black │        583        25.96        98.84
      other │         26         1.16       100.00
────────────┼───────────────────────────────────
      Total │      2,246       100.00
```

gen(dum_race_)과정을 거쳐 dum_race_1, 2, 3이 생성된 것을 변수창에서 확인할 수 있다. 이때 dum_race_1은 백인, dum_race_2는 흑인, dum_race_3은 기타 유색인종을 의미한다.

그림 2-13 ▌ tab 실행으로 인한 변수생성

```
use "C:\Program Files\Stata12\ado\base\n\nlsw88.dta", clear
(NLSW, 1988 extract)

tab race

     race |      Freq.     Percent        Cum.

    white |      1,637       72.89       72.89
    black |        583       25.96       98.84
    other |         26        1.16      100.00

    Total |      2,246      100.00

tab race, gen(dum_race_)

     race |      Freq.     Percent        Cum.

    white |      1,637       72.89       72.89
    black |        583       25.96       98.84
    other |         26        1.16      100.00

    Total |      2,246      100.00
```

xi명령어를 이용하여도 더미변수를 만들 수 있다. 우선 명령어에 db xi를 실행하면 다음과 같은 대화창이 나타나며, categorical variable에 race를, prefix에 dum을 적용하면 아래 command창에 명령어가 생성된다.

그림 2-14 ▌ xi 대화창

```
. db xi

. xi I.race, prefix(dum)
I.race              dumrace_1-3          (naturally coded; dumrace_1 omitted)
```

　　그런데 tab 명령어 실행과 달리 dum race_1은 만들어지지 않았는데 그 이유
는 회귀모형의 설명변수로는 범주의 개수보다 1개 적은 2개의 더미변수만 만들어
지기 때문이다. 굳이 3개의 더미변수를 만들고자 한다면 noomit옵션을 추가하면
되는데 xi I.race, prefix(dum) noomit를 적용하면 된다.

　　ref.) 더미변수를 만들어 분석할 경우 더미변수 중 하나가 제외(<그림 2-15> dumrace_1)
　　　　되었다. 이는 설명변수간 완전한 선형관계가 없어야 하는 가정을 충족해야 하기 때
　　　　문이다.

그림 2-15 ▌ xi 실행으로 인한 변수생성

```
. db xi

. xi I.race, prefix(dum)
I.race             dumrace_1-3        (naturally coded; dumrace_1 omitted)

. db xi

.
.
.
.
.
```

Variable	Label
wage	hourly wage
hours	usual hours
ttl_exp	total work ex
tenure	job tenure (y
dum_race_1	race==white
dum_race_2	race==black
dum_race_3	race==other
dumrace_2	race==2
dumrace_3	race==3

gen

새로운 변수를 만들고자 할 경우 다양한 함수를 활용할 수 있는데, 일반적으로 자연로그(ln), 제곱근(sqrt), 반올림(round) 등이 있다.

그림 2-16 ▌ gen 실행

```
. use "http://www.stata-press.com/data/r12/invest2.dta", clear

. gen ln_ invest=ln( invest)
invest already defined
r(110);

. gen ln_invest=ln( invest)
```

처음의 예와 같이 자연로그를 적용하고자 할 경우에는 ln_invest를 반드시 붙여 써야 한다. 그렇지 않으면 이미 invest라는 변수가 존재하기 때문에 새로운 변수를 만들 수 없다는 에러메시지가 나타나게 된다.

제곱근과 반올림을 동일하게 적용하여 보면 다음과 같다.

그림 2-17　▐　sqt rd 실행

```
. gen sqt_invest=sqrt( invest)

. gen rd_invest=round( invest)
```

ref.) 경우에 따라서 변수의 이름을 변경할 필요가 있다. 예를 들어 변수명(age)을 새로운 변수명(are_1)으로 변경하고자 할 경우에는 rename age age_1을 입력하면 된다.

또 다른 유형 중 하나는 논리식을 포함한 계산으로 recode라는 명령어가 있다. 예를 들어 age $>=$30은 1로, age $<$ 30은 0으로 코딩을 바꾸고자 할 경우에 다음과 같은 명령어를 입력하면 된다. 즉, 30보다 크거나 같을 경우에는 1로, 30 이하일 경우 0으로 코딩하라는 의미이고, 새로이 생성될 변수는 newage이다.

recode age(30/max=1)(min/30=0), gen(newage) 명령어를 적용하면 된다. 또 다른 방법을 활용하여 동일한 결과를 얻고자 한다면 각각의 명령어를 입력해주면 된다.

gen newage=0

replace newage=1 if age$>=$30

replace newage=1 if age$>=$.

이보다 더욱 세분화된 구간을 만들고자 한다면 다음과 같은 명령어를 입력하면 된다.

replace newage=1 if age$>=$30 & age$<$40

또 다른 하나의 예를 들면 기존에 입력된 내용의 전체를 바꾸고자 한다면 다음과 같은 과정을 거치면 된다.

예를 들어, 기존변수의 sex가 0인 변수는 2로 코딩을 변경하려면 recode sex (0=2)를 입력하면 된다.

merge

merge는 파일합치기라고 이해하면 된다. 간혹 여러 명의 연구자가 동일한 자료를 코딩한 자료원을 합칠 때 아주 유용한 명령어이다. 한마디로 분리되어 있는 파일을 합치는 경우이다.

그림 2-18 ▌ merge 실행

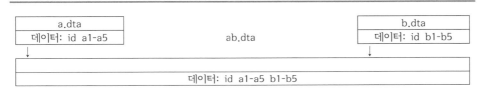

예를 들어, a.dta 파일에는 변수 a1−a5가 있고, b.dta 파일에는 변수 b1−b5가 있다고 가정하자. 다만 merge(파일 합치기) 전에 두 파일(a.dta 및 b.dta)은 동일한 id로 정렬되어 있어야 한다.

· use a.dta, clear
· merge id using b.dta, sort
· save ab.dta

separate

separate는 한 변수를 다른 범주형 변수로 분리할 때 사용하는 명령어이다. 아래 명령에서 설명하고 있듯이 국산차와 외국차의 비교가 가능하도록 결과를 도출할 수 있다.

```
. sysuse auto.dta
(1978 Automobile Data)

. separate mpg, by(foreign)

              storage   display    value
variable name  type     format     label        variable label

mpg0           byte     %8.0g                    mpg, foreign == Domestic
mpg1           byte     %8.0g                    mpg, foreign == Foreign
```

· list foreign mpg*, nolabel sepby(foreign)

	foreign	mpg	mpg0	mpg1
1.	0	22	22	.
2.	0	17	17	.
3.	0	22	22	.
4.	0	20	20	.
5.	0	15	15	.
6.	0	18	18	.
7.	0	26	26	.
53.	1	17	.	17
54.	1	23	.	23
55.	1	25	.	25
56.	1	23	.	23
57.	1	35	.	35
58.	1	24	.	24
59.	1	21	.	21
60.	1	21	.	21
61.	1	25	.	25
62.	1	28	.	28
63.	1	30	.	30
64.	1	14	.	14
65.	1	26	.	26
66.	1	35	.	35
67.	1	18	.	18
68.	1	31	.	31
69.	1	18	.	18
70.	1	23	.	23
71.	1	41	.	41
72.	1	25	.	25
73.	1	25	.	25
74.	1	17	.	17

위 분석결과를 그래프로 그릴 수 있는데, plot를 활용하여 그래프를 그리는 과정을 설명하면 다음과 같다. 아래 그림은 plot 1이고, 동일한 과정을 거치면 된다. 다만 plot 2에서 if/in에서 foreign==1을 적용하면 된다.

이를 적용하면 결과창에 다음과 같은 명령어가 표시된다.

그림 2-19 ▐ 그래프 그리기 결과창

위 과정을 적용하게 되면 결과 창에 아래의 명령어가 표시되고 다음 그래표가 그려진다.

· twoway (scatter mpg weight if foreign = =0) (scatter mpg weight if foreign = =1)

그림 2-20 ▐ 그래프(산점도)

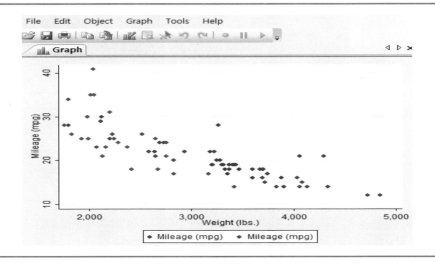

2.4 데이터 형식전환

Stata의 데이터 파일은 *.dta 형식이다. 따라서 데이터 파일이 dta 이외의 형식의 파일이라면 dta형식으로 변환이 필요하다. 대표적인 방법으로 Stata는 import 기능을 사용할 수 있다.

다만 유료로 판매되는 Stata-Transfer(최신버전 11)를 이용하면 아주 편리하다. 아래의 그림은 다양한 형식의 파일을 상호 형식전환이 가능한 Stata-Transfer에 관해 간략히 설명한 것이다(http://www.stata.com/products/stat-transfer).

그림 2-21 ▌ Stata-Transfer에서 형식전환이 가능한 파일들

1-2-3	Paradox
Microsoft Access (Versions 2.0 through Office XP version)	Quattro Pro for DOS and Windows
dBASE (all versions)	R
Delimited ASCII	RATS NEW
Delimited ASCII with a Stat/Transfer SCHEMA file	S-PLUS (now supported through version 7)
Data Documentation Initiative (DDI) Schemas NEW	SAS CPORT datasets and catalogs (read only)
Epi Info	SAS for Unix—HP, IBM, Sun
Excel worksheets (all versions, including Excel 2010)	SAS for Unix—DEC Alpha
Fixed format ASCII	SAS for Windows and OS/2
FoxPro	SAS PC/DOS 6.04 (read only)
GAUSS (Windows and Unix)	SAS Transport
JMP	SAS Value Labels
LIMDEP	SAS Version 7–9
MATLAB	SPSS through Version 19 NEW
MATLAB Seven Datasets	SPSS Datafiles (Windows and Unix)
Mineset	SPSS Portable Files
Minitab 14 (read only) NEW	Stata (all versions, including 12) NEW
MPLUS (write only) NEW	Statistica Versions 7–8 (Windows only)
NLOGIT	SYSTAT (Windows and Mac)
ODBC data sources (Oracle, Sybase, Informix, etc.)	Triple-S Survey Interchange Format
Open Document Spreadsheets NEW	

Stat-Transfer가 유료로 제공되는 만큼 본 절에서는 Stata의 import와 export 기능을 설명한다. 이 두 가지 기능을 활용하여 ASCII, Excel, SAS, SPSS형식의 파일로 변환저장이 가능하다. 이를 import라 부른다. 반대로 Stata 데이터 파일을 다른 통계프로그램에 사용하기 위해 텍스트(txt)파일로 저장하는 과정을 export라 부른다.

다만 가장 흔히 사용하는 방법은 Excel과 SPSS파일에서 Stata파일(.dta)로 변환하는 방법이 있는데 이를 알아보면 다음과 같다. 구체적으로 명령문과 메뉴를 통한 방법이 있는데 명령문을 통한 자료변환 방법을 알아보자.

먼저 기존의 엑셀(xls)파일을 연 다음 엑셀메뉴에서 파일> 다른 이름으로 저장을 선택한 후 파일형식을 텍스트(탭으로 분리)를 선택하여 저장하면 된다. 파일이 저장된 위치는 c:\data\example_1.txt이다.

그림 2-22 ▌ 파일저장

위 과정을 거친 후 Stata에서 다음과 같은 명령어를 입력하면 파일변환이 된다. 텍스트파일을 불러들이는 명령어 insheet using 다음에 쉼표(,)에 이어 불러들일 파일의 디렉토리를 지정한다. 그 다음 옵션으로 clear를 사용하면 메모리에 로딩된 기존데이터 파일을 제거하게 되고 새로운 파일이 생성된다.

아래의 insheet using "c:\data\example_1.txt", clear를 실행하면 7개의 변수의 30개의 표본이 정확히 변환되었음을 알려준다.

```
. insheet using "c:\data\example_1.txt", clear
(7 vars, 30 obs)
```

그림 2-23 ▮ insheet 실행

그런데 문제는 기존의 엑셀파일에서는 분명히 숫자였으나 문자(str20)로 인식하고 있다. 이러한 경우는 종종 발생하게 되는데 이때는 변수의 변환과정이 필요하다(destring은 추후 설명).

반대로 outsheet using "c:\data\example_1.txt", nolabel replace을 이용하면 파일을 내보낼 수 있다.

앞서 언급한 import와 export 기능을 알아두면 유용하게 활용할 수 있다. import는 엑셀 등의 파일자료로부터 불러들이기 기능이고, export는 stata파일(파일확장자 명이 .dta임)을 엑셀 등의 파일자료로 보내기 기능이고 저장이 가능하다.

import

여기서는 엑셀 자료(.xls)를 stata로 불러들이기를 해보자. 편의상 저자가 통계작업 중인 파일을 활용하여 stata 파일(.dta)로 변경할 것이다. 아래 엑셀파일을 작업 중이라고 가정해보자(이 파일의 이름은 npc이다).

그림 2-24 ▮ data 파일(excel)

	A	B	C	D	E	F	G	H	I	J	K	L	M
1	id	year	g_debts	e_debts	bto_btl	self_revenue	dep_revenue	pop_	age65	population	ruling_part	elect_time	elect_time
2	1	2008	1.55E+12	1.08E+13	5.278E+11	1.43767E+13	2.18214E+12	10200827	8.72	16574	1	2	2
3	1	2009	3.1E+12	1.63E+13	4.605E+11	1.37527E+13	2.95045E+12	10208302	9.16	16582	1	2	2
4	1	2010	3.78E+12	1.62E+13	2.764E+11	1.55048E+13	2.29422E+12	10312545	9.72	16593	1	2	2
5	1	2011	3.15E+12	1.75E+13	3.1829E+11	1.55418E+13	2.33268E+12	10249679	10.19	16941.6	1	2	2
6	1	2012	2.95E+12	1.83E+13	3.157E+11	1.60404E+13	2.48318E+12	10195318	10.84	16851.7	2	1	1
7	1	2013	5.28E+12	2.30E+13	3.276E+11	1.58179E+13	3.05878E+12	10143645	11.45	16761	2	1	1
8	2	2008	2.43E+12	1.79E+12	7.219E+11	3.17823E+12	2.8632E+12	3564577	10.21	4566	1	3	2
9	2	2009	2.72E+12	2.17E+12	9.494E+11	3.24163E+12	3.52207E+12	3543030	10.77	4531	1	3	2
10	2	2010	2.92E+12	2.48E+12	7.5814E+11	3.62726E+12	3.27313E+12	3567910	11.26	4493	1	3	2
11	2	2011	2.81E+12	2.63E+12	3.517E+11	3.57761E+12	3.39762E+12	3550963	11.77	4623.65	1	3	2
12	2	2012	2.76E+12	2.47E+12	2.13E+11	3.7043E+12	3.5136E+12	3538484	12.5	4595.434	1	3	2
13	2	2013	2.78E+12	3.30E+12	2.1378E+11	3.84256E+12	3.43746E+12	3586079	13.25	4666	1	3	2
14	3	2008	1.8E+12	6.52E+11	38750000000	1.90111E+12	1.73464E+12	2492724	9.32	2779	1	2	2
15	3	2009	2.05E+12	7.09E+11	71560000000	1.81542E+12	2.17162E+12	2489781	9.73	2764	1	2	2
16	3	2010	2.09E+12	9.36E+11	95188000000	2.05011E+12	2.06813E+12	2511676	10.03	2750	1	2	2

위 파일을 stata 파일로 저장하는 과정을 설명하면 다음과 같다.

그림 2-25 ▮ 파일변환 작업창

위 파일을 stata 파일로 저장하는 과정을 설명하면 다음과 같다. 우선
File-Import를 클릭하면 파일의 형식을 설정하게 된다. 편의상 excel spreadsheet
(*.xls; *.xlsx)로 변경할 텐데 이를 클릭하면 아래와 같은 대화창이 나타난다.

그림 2-26 ▌ import 대화창

먼저 Browse를 클릭하면 아래와 같은 대화창이 나타난다.

그림 2-27 ▌ data 변환전 파일정보

이제 npc파일을 더블 클릭하면 stata파일로 변경이 완료된다.

그림 2-28 ▌ import 대화창(변환과정)

이제 마지막 단계에서 OK를 클릭하게 되면 Stata 변수창에 파일이 완전하게 저장된다. 이때 ☑ 표시된 Import first row as variable names는 변수 변환 시 첫줄에 기존의 변수명(id, year, ... ,elect_time_1 등)을 동일하게 붙여넣으라는 명령이다.

그림 2-29 ▌ 초기화면 (변수창)

```
 __ __ __ __ __ __   (R)
/ __ / / / / __
/ / / / / / / /    12.1   Copyright 1985-2011 StataCorp LP
  Statistics/Data Analysis          StataCorp
                                    4905 Lakeway Drive
      Special Edition               College Station, Texas 77845 USA
                                    800-STATA-PC        http://www.stata.com
                                    979-696-4600        stata@stata.com
                                    979-696-4601 (fax)

Single-user Stata perpetual license:
      Serial number:  40120584905
       Licensed to:  Seong-Ho, Jeong
                     YONSEI UNIV

Notes:
    1.   (/v# option or -set maxvar-) 5000 maximum variables

. import excel "C:\Users\samsung\Desktop\npc.xls", sheet("Sheet1") firstrow
```

Variables	
Variable	Label
id	id
year	year
g_debts	g_debts
e_debts	e_debts
bto_btl	bto_btl
self_revenue	self_revenue
dep_revenue	dep_revenue
pop_	pop_
age65	age65
population_d...	population_density
ruling_party	ruling_party
elect_time	elect_time
elect_time_01	elect_time_01

최종적으로 결과창을 확인해보면 다음과 같은 명령문이 나타난다.

. import excel "C:\Users\samsung\Desktop\npc.xls", sheet("Sheet1") firstrow

또한 우측 변수창에는 변수명과 라벨이 표시된다.

이제 이 파일을 영구적으로 보관하기 위한 하나의 작업이 남아 있다. 이 파일을 Stata 파일로 영구 저장하는 절차는 다음과 같다.

그림 2-30 ▌ stata 파일 저장(1)

위에서 설명하고 있듯이 File-Save As를 클릭하면 저장할 대화창이 표시되
는데 편의상 바탕화면에 new public choicd 2015.dta로 저장할 것이다.

그림 2-31 ▌ stata 파일 저장(2)

위 그림과 같이 new public choicd 2015를 입력하고 "저장"을 클릭하면 결
과창에 다음과 같은 명령문이 표시되고 완전히 저장되었음을 알려준다.

. save "C:\Users\samsung\Desktop\new public choicd 2015.dta"

    file C:\Users\samsung\Desktop\new public choicd 2015.dta saved

export

반대의 경우, 파일을 내보내야 할 경우가 있다. 이때 활용하는 명령어는 export이다.

File – Export를 클릭하면 아래와 같은 대화창이 뜨는데 맨 위쪽 변수부분을 공란으로 두면 모든 변수를 그대로 옮긴다는 것과 동일하게 인식한다(필요시 지정이 가능함). 그 아래 Excel filename란의 Save As를 클릭하면 대화창이 뜨는데, 파일을 저장할 위치와 파일 이름을 입력하고 저장하면 된다(편의상 npc1으로 변경해보자). 맨 마지막 단계에서 아래 그림의 "저장"을 클릭하면 그 과정이 끝난다. 변경이 완료되었는지 확인하기 위해서는 결과창을 확인하면 될 것이다.

. export excel using "C:\Users\samsung\Desktop\npc1.xls", firstrow(variables)

    file C:\Users\samsung\Desktop\npc1.xls saved

그림 2-32 ▌ export 대화창

위 그림에서 ☑ 표시된 Save variable names to first row in Excel file은 엑셀파일형태로 저장할 때 첫줄의 변수명을 동일하게 저장하라는 의미이다.

reshape

Stata는 데이터의 형식을 상호변환(wide → long, long → wide)할 수 있어 편리하다. 일반적으로 패널분석을 위해서는 long type으로 데이터를 변경해야 한다. 본 절에서는 wide type을 long type으로 변경하는 방법에 대해 알아본다. 이를 위해 사용된 예제데이터 파일은 reshape1.dta이다.

먼저 변경 전의 데이터 파일은 아래 그림과 같다.

그림 2-33 ▌ 변경 전 데이터(wide type)

변경 전 데이터를 보면 wide type이고, 3개의 id에 inc 80-82, ue80-82가 있다.

db reshape

db reshape는 데이터를 변경(wide → long)하기 위한 명령어이다. 이 명령어를 적용하면 다음과 같은 대화창이 나타나는데, 대화창의 메인 탭에서 long format from wide를 선택하면 된다. ID variable에는 id를 지정한 후 Base(stub)란에 변경하고자 하는 변수를 넣는데 변수명(inc, ue) 뒤에 2자리(80, 81, 82)는 연도에 해당하기 때문에 Subobservation에는 시간변수인 연도(year)를 표시하면 된다.

그림 2-34 ▮ reshape 대화창

그림 2-35 ▮ 파일변환(wide → long type)

```
. db reshape

. reshape long inc ue, i(id) j(year)
(note: j = 80 81 82)

Data                                    wide   ->   long

Number of obs.                             3   ->      9
Number of variables                        8   ->      5
j variable (3 values)                          ->   year
xij variables:
                        inc80 inc81 inc82      ->   inc
                          ue80 ue81 ue82       ->   ue
```

위 분석결과를 요약하면 3개의 표본이 9개의 표본이 되었다고 설명하고 있다. 이는 id별로 3개의 연도변수가 만들어졌기 때문이다. 그 아래 변수는 id, sex, inc80-82, ue80-82 총 8개의 변수에서 id, year, sex, inc, uc 총 5개의 변수가 생성이 되었으며, Xij에서 6개 변수(inc80, inc81, inc82, ue80, ue81, ue82)가 2개 변수(inc, ue)로 변환되었다.

그림 2-36 ▌ 변경 후 데이터(long type)

실행결과를 보면 시간 변수이름은 지정한 대로 year로 변경이 되었고 시간에 따라 변하는 변수인 inc와 ue가 동일하게 변경이 되었다.

destring

```
. insheet using "c:\data\example_1.txt", clear
(7 vars, 30 obs)
```

46페이지의 〈그림 2-23〉과 같이 insheet 명령어를 활용하여 엑셀파일을 불러올 때 원래 데이터는 분명 숫자였는데, Stata파일에서 문자(str)로 인식되는 경우가 있다. Stata에서 이를 알 수 있는 한 가지 방법은 색깔을 통해서인데 그림에서 보는 바와 같이 음영으로 표시되어 있다.

이러한 경우에 사용하는 명령어가 바로 destring(문자일 경우 빨간색으로 표시됨)이다. 즉, 숫자로 된 문자를 숫자로 변환하기 위한 명령어이다. 반대로 숫자를 문자로 바꾸는 명령어는 tostring이다. 아래의 그림은 destring과 tostring의 옵션을 나타내고 있다.

그림 2-37 ▌ destring / tostring 옵션

destring_options	Description
* generate(*newvarlist*)	generate *newvar_1*, ..., *newvar_k* for each variable in *varlist*
* replace	replace string variables in *varlist* with numeric variables
ignore("*chars*")	remove specified nonnumeric characters
force	convert nonnumeric strings to missing values
float	generate numeric variables as type float
percent	convert percent variables to fractional form
dpcomma	convert variables with commas as decimals to period-decimal format

* Either generate(*newvarlist*) or replace is required.

tostring_options	Description
* generate(*newvarlist*)	generate *newvar_1*, ..., *newvar_k* for each variable in *varlist*
* replace	replace numeric variables in *varlist* with string variables
force	force conversion ignoring information loss
format(*format*)	convert using specified format
usedisplayformat	convert using display format

* Either generate(*newvarlist*) or replace is required.

종종 엑셀에서 Stata로 파일을 변환하는 과정에서 숫자가 문자로 바뀌는 경우가 있다. 숫자를 문자로 바꾸는 tostring, 문자를 숫자로 바꾸는 destring의 명령어는 다음과 같다.

그림 2-38 ▌ destring / tostring 실행

```
. tostring v1, gen (aa)
aa generated as str2

. destring aa, gen (bb)
aa has all characters numeric; bb generated as byte
```

그림 2-39 ▮ tostring 실행결과

그림 2-40 ▮ destring 실행결과

이렇듯 aa는 문자변수로 bb는 숫자변수로 바뀐 것을 알 수 있다. 한편 숫자가 아닌 문자를 숫자로 변환하려면 encode를 사용하면 된다.

decode, encode

그림 2-41 ▌ decode / encode 실행

```
. sysuse nlsw88.dta
(NLSW, 1988 extract)

. decode race, gen(race1)

. encode race1, gen(race2)
```

그림 2-42 ▌ decode / encode 실행결과

	hours	ttl_exp	tenure	race1	race2
1	48	10.33333	5.333333	black	black
2	40	13.62179	5.25	black	black
3	40	17.73077	1.25	black	black
4	42	13.21154	1.75	white	white
5	48	17.82051	17.75	white	white
6	30	7.326923	2.25	white	white
7	40	19.04487	19	white	white
8	45	15.55769	14.16667	white	white
9	8	14.25	5.5	white	white
10	50	7.384615	2.25	white	white
11	16	15.76923	8.416667	white	white
12	40	16.38461	13.83333	white	white
13	40	7.75	7.75	white	white
14	40	14.21154	5.583333	white	white
15	4	15.85897	4.666667	white	white
16	32	15.01282	3	white	white
17	45	15.34616	8.083333	white	white
18	24	16.46795	3.416667	white	white

Variables

Filter variables here

☑ Variable   L
☑ idcode   N
☑ age   a.
☑ race   r.
☑ married   m
☐ never_married   n.
☑ grade   c.
☑ collgrad   c.

Properties

⊟ Variables
Name	race2
Label	race
Type	long
Format	%8.0g
Value Label	race2
⊞ Notes
⊟ Data
⊞ Filename | nlsw88.dta |
| Label | NLSW, 1988 extract |

decode 명령어를 활용하여 race1은 숫자를 문자로 변환하였고, 반대로 race2 는 encode 명령어를 활용하여 문자(race1)를 숫자(race2)로 변환하였다.

특히, encode나 decode를 활용할 때 라벨까지 바꾸고 싶으면 label를 추가 하면 된다(예: encode race1, gen(race2) label(racelbl)).

기초통계와 상관관계분석

제 3 장

통계분석의 기초

3.1.1 기술통계

그림 3-1 ▌ sum 실행

```
. sum price mpg rep78

    Variable |       Obs        Mean    Std. Dev.        Min        Max
-------------+--------------------------------------------------------
       price |        74    6165.257    2949.496       3291      15906
         mpg |        74     21.2973    5.785503         12         41
       rep78 |        69    3.405797    .9899323          1          5
```

기술통계는 통계의 가장 기초적인 부분에 해당하는 데이터의 기본적인 특성을 확인할 수 있다. Stata에서는 기술통계 명령어는 summarize; sum; su이며, 어느 명령어를 사용하여도 동일한 결과를 도출할 수 있다.

일반적으로 표본수, 평균, 표준편차, 최소값, 최대값 등 요약통계량을 알려준다. sum 명령어 다음에 연구자가 알아보고자 하는 변수를 지정해 주면 된다. 만약 변수를 지정하지 않고 sum만 입력하면 모든 변수특성의 요약통계량을 제시되는데 이는 〈그림 3-2〉와 같다.

그림 3-2 ▌ sum 실행(계속)

```
. sum

    Variable |      Obs         Mean     Std. Dev.        Min         Max
-------------+--------------------------------------------------------------
        make |        0
       price |       74     6165.257     2949.496        3291       15906
         mpg |       74      21.2973     5.785503          12          41
       rep78 |       69     3.405797     .9899323           1           5
    headroom |       74     2.993243     .8459948         1.5           5
-------------+--------------------------------------------------------------
       trunk |       74     13.75676     4.277404           5          23
      weight |       74     3019.459     777.1936        1760        4840
      length |       74     187.9324     22.26634         142         233
        turn |       74     39.64865     4.399354          31          51
displacement |       74     197.2973     91.83722          79         425
-------------+--------------------------------------------------------------
  gear_ratio |       74     3.014865     .4562871        2.19        3.89
     foreign |       74     .2972973     .4601885           0           1
```

tabstat

　　tabstat 명령어는 요약통계량을 나타내며, 지정된 변수(아래 foreign)에 의해 분할된 통계량을 나타내 주는데, 가장 단순한 형태의 평균만을 나타내 준다.

```
. tabstat mpg turn price, by(foreign)

Summary statistics: mean
  by categories of: foreign (Car type)

 foreign |      mpg       turn      price
---------+---------------------------------
Domestic | 19.82692   41.44231   6072.423
 Foreign | 24.77273   35.40909   6384.682
---------+---------------------------------
   Total | 21.2973    39.64865   6165.257
```

　　또한 col(stat) 옵션을 사용하면 컬럼형태의 통계량을 나타내고 추가적인 옵션으로 format ( )를 활용하면 추가적으로 포맷조절이 가능하다.

```
. tabstat mpg turn price, stat(n mean sd q) col(stat) format(%9.2f)
```

variable	N	mean	sd	p25	p50	p75
mpg	74.00	21.30	5.79	18.00	20.00	25.00
turn	74.00	39.65	4.40	36.00	40.00	43.00
price	74.00	6165.26	2949.50	4195.00	5006.50	6342.00

아래 표는 tabstat 명령어를 활용하여 요약통계표를 작성한 것이다. 옵션으로 longstub을 활용하면 오른쪽과 같이 산출된 통계량에 명칭을 표시한다. 그 명칭은 다음과 같은데, mean(평균), n(결측치가 아닌 관측치), sum(합계), min(최소값), max(최대값), range(범위), sd(표준편차), var(분산), cv(변이계수), semean(평균의 표준오차), skew(왜도), kurt(첨도), p1(1분위수) iqr(사분위 구간), q(사분위수) 등이다.

```
. tabstat mpg turn price, by(foreign) stat(n mean sd cv semean median)

Summary statistics: N, mean, sd, cv, se(mean), p50
  by categories of: foreign (Car type)
```

foreign	mpg	turn	price
Domestic	52	52	52
	19.82692	41.44231	6072.423
	4.743297	3.967582	3097.104
	.2392352	.0957375	.5100278
	.657777	.5502046	429.4911
	19	42	4782.5
Foreign	22	22	22
	24.77273	35.40909	6384.682
	6.611187	1.501082	2621.915
	.2668736	.0423926	.4106571
	1.40951	.3200317	558.9942
	24.5	36	5759
Total	74	74	74
	21.2973	39.64865	6165.257
	5.785503	4.399354	2949.496
	.2716543	.1109585	.478406
	.6725511	.5114145	342.8719
	20	40	5006.5

foreign	stats	mpg	turn
Domestic	N	52	52
	mean	19.82692	41.44231
	sd	4.743297	3.967582
	cv	.2392352	.0957375
	se(mean)	.657777	.5502046
	p50	19	42
Foreign	N	22	22
	mean	24.77273	35.40909
	sd	6.611187	1.501082
	cv	.2668736	.0423926
	se(mean)	1.40951	.3200317
	p50	24.5	36
Total	N	74	74
	mean	21.2973	39.64865
	sd	5.785503	4.399354
	cv	.2716543	.1109585
	se(mean)	.6725511	.5114145
	p50	20	40

summarize

sum 명령어는 데이터의 개요를 보는 데 아주 유용하다. sum 명령어를 활용하여 기초통계 자료의 특성을 확인할 수 있는데 관측치(obs), 평균(mean), 표준편차(S.D.), 최소값(min), 최대값(max)이 표시되어 있어 개략적인 데이터의 특성을 알 수 있다.

좀 더 세부적인 데이터의 특성을 알고 싶으면 su(sum과 동일) 명령어 다음에 de(detail)옵션을 적용하면 된다. 예를 들어 백분위수 중 50%에 해당하는 값(39)은 물론 분산값, 왜도(skewness)와 첨도(kurtosis)에 대한 통계량까지 제공한다. 왜도와 첨도에 대한 세부적인 내용은 wikipedia를 참고하라.

그림 3-3 ▌ sum 실행

```
. sum age race married grade

    Variable |       Obs        Mean    Std. Dev.       Min        Max
-------------+-------------------------------------------------------
         age |      2246    39.15316    3.060002         34         46
        race |      2246    1.282725    .4754413          1          3
     married |      2246    .6420303    .4795099          0          1
       grade |      2244    13.09893    2.521246          0         18
```

그림 3-4 ┃ su 실행

```
. su age, de

                        age in current year

              Percentiles       Smallest
       1%          34              34
       5%          35              34
      10%          35              34        Obs                2246
      25%          36              34        Sum of Wgt.        2246

      50%          39                        Mean            39.15316
                                  Largest    Std. Dev.       3.060002
      75%          42              45
      90%          44              45        Variance        9.363614
      95%          44              46        Skewness        .2003234
      99%          45              46        Kurtosis        1.932389
```

    왜도 값은 −∞ ～ ∞까지 분포를 보이는데 값이 0이면 좌우대칭인 분포이다. 일반적으로 왼쪽 꼬리가 긴 경우 −값을 가지고 우측 꼬리가 긴 경우에는 +값을 가진다. 한편 첨도는 얼마나 뾰쪽한지를 나타내는 통계량으로 일반적으로 첨도가 3보다 크면 정규분포에 비해 꼬리가 두텁고, 반대로 3보다 작으면 정규분포에 비해 꼬리부분이 더 가늘다(아래 red라인은 첨도 3임).

그림 3-5 ┃ 왜도

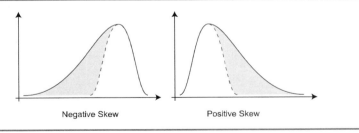

                    Negative Skew   Positive Skew

자료: http://en.wikipedia.org/wiki/Skewness

그림 3-6 ▌ 첨도

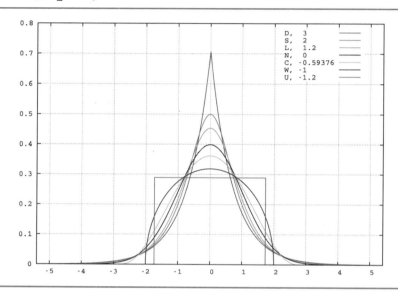

자료: http://en.wikipedia.org/wiki/Kurtosis

ref.) 평균값, 중앙값, 표준편차

1. 평균값은 $\overline{x}$로 표시한다. 즉 모든 자료를 더하여 관측치로 나누면 된다. 예를 들어 관측치가 5개이고 자료값이 5, 7, 3, 38, 7이라면 $\overline{x} = \dfrac{5+7+3+38+7}{5} = \dfrac{60}{5} = 12$이다.

2. 중앙값은 자료의 중앙에 위치한 값이다. 만약 자료의 수가 짝수가 아닌 경우 중앙에 위치하는 두 값의 산술평균을 구한다. 위 자료값을 그대로 사용하면 3, 5, 7, 7, 38로 중앙값은 7이 된다. 만약 자료의 수가 짝수일 경우로 3, 5, 6, 7이라면 중앙값은 $\dfrac{5+6}{2} = 5.5$가 된다.

3. 표준편차는 평균으로부터 산포를 측정한다. 예를 들어 위의 자료인 3, 5, 7, 7, 38인 경우는 표본분산은 다음과 같다.

$$S^2 = \frac{1}{n-1}\sum_{i=1}^{n}(x_i - \overline{x})^2$$
$$= \frac{(3-12)^2 + (5-12)^2 + (7-12)^2 + (7-12)^2 + (38-12)^2}{5-1}$$
$$= \frac{81 + 49 + 265 + 25 + 676}{4} = 214$$

표준편차를 구하기 위해 분산에 제곱근($S = \sqrt{S^2}$)을 취하면 $S = \sqrt{214} = 14.63$가 된다.

통계의 기본은 정규성을 가정한 것이다. 그러나 간혹 정규성을 확인하지 않은 채 가설을 검정할 경우가 많다. 본 절은 정규성을 확인하는 다양한 방법에 관해 논의해본다.

describe

describe 명령어는 데이터 셋의 정보를 제공한다. 또한 label list 명령어를 이용하면 값 라벨이 나오는데, 저장형태, 포맷, 값라벨, 변수라벨 등을 나타내준다(그림 2-8 참고).

· label list
  origin:
       0 Domestic
       1 Foreign

label list 명령어를 이용하면 값 라벨이 표시된 변수만 인식하여 세분화된 결과값을 보여준다.

codebook

codebook 명령어는 describe 명령어보다 변수에 관해 더 상세한 정보를 제공해준다. 실제 codebook 명령어를 활용하면 표준편차는 물론 분위수(10~90%)까지 보여준다. 다만 데이터 셋의 개요을 알고 싶으면 옵션으로 compact를 적용하면 되는데, 변수의 관측치 개수, 중복이 안 된(unique) 관측치의 개수, 최소값 및 최대값, 라벨에 대해 설명해준다. 이 명령어가 summarize보다는 변수에 관한 상세한 정보를 제공해주기 때문에 유용하다.

그림 3-7 ▌ codebook 실행

```
. codebook, compact

Variable       Obs  Unique      Mean    Min    Max   Label

make            74      74         .       .      .   Make and Model
price           74      74   6165.257   3291  15906   Price
mpg             74      21    21.2973     12     41   Mileage (mpg)
rep78           69       5   3.405797      1      5   Repair Record 1978
headroom        74       8   2.993243    1.5      5   Headroom (in.)
trunk           74      18   13.75676      5     23   Trunk space (cu. ft.)
weight          74      64   3019.459   1760   4840   Weight (lbs.)
length          74      47   187.9324    142    233   Length (in.)
turn            74      18   39.64865     31     51   Turn Circle (ft.)
displacement    74      31   197.2973     79    425   Displacement (cu. in.)
gear_ratio      74      36   3.014865   2.19   3.89   Gear Ratio
foreign         74       2   .2972973      0      1   Car type
```

histogram

다양한 통계분석기법은 정규성을 전제로 하기 때문에 정규분포를 확인할 필요가 있는데 그중 하나의 방법이 histogram을 이용하는 것이다.

그림 3-8 ▌ histogram 실행

```
. sysuse auto
(1978 Automobile Data)

. histogram price
(bin=8, start=3291, width=1576.875)

. histogram price, frequency normal
(bin=8, start=3291, width=1576.875)
```

그림 3-9 ▌ histogram 실행결과

gladder

정규성을 확인하는 또 다른 방법은 gladder 명령어이다. 이 명령어는 t-검정과 선형회귀분석과 같은 분석시 종속변수가 정규분포를 따라야 한다는 가정을 충족하는지를 확인하는 과정이다. 다시 말해 변수변환(transformation)이 필요할 때가 있는데, 이 명령어를 실행하면 9가지 변환을 통해 어떤 변환이 되어야 정규분포가 되는지를 확인해주기 때문에 아주 유용한 기능이다.

이 명령어를 실행하기 위한 과정은 다음과 같다. Statistics > Summaries, tables, and tests > Distributional plots and tests > Ladder-of-powers histograms 실행하면 다음과 같은 대화창이 나타난다.

그림 3-10 ▌ gladder 대화창

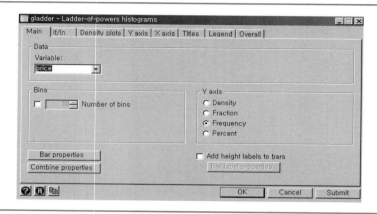

우선 변수에 price를, Y축에 frequency를 적용한 후 OK를 실행시키면 결과
창에 gladder price, frequency가 나타나고 그 결과는 다음과 같다.

· gladder price, frequency

그림 3-11 ▌ gladder 실행결과

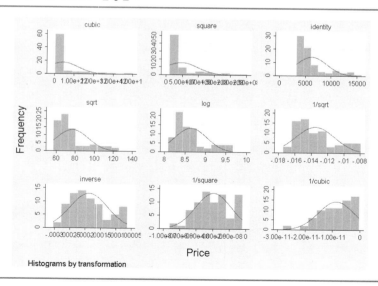

그림 3-12 ▮ ladder 실행결과

```
. ladder mpg

Transformation          formula             chi2(2)        P(chi2)

cubic                   mpg^3                43.59          0.000
square                  mpg^2                27.03          0.000
identity                mpg                  10.95          0.004
square root             sqrt(mpg)             4.94          0.084
log                     log(mpg)              0.87          0.647
1/(square root)         1/sqrt(mpg)           0.20          0.905
inverse                 1/mpg                 2.36          0.307
1/square                1/(mpg^2)            11.99          0.002
1/cubic                 1/(mpg^3)            24.30          0.000
```

<그림 3-11> gladder 실행결과와 <그림 3-12> ladder 실행결과에 기초하여 가장 유의한 변수변환을 선택하면 된다. <그림 3-11>에서 우선 보아도 정규분포가 덜 이탈되는 형태가 1/sqrt와 inverse가 있다. 다만 1/sqrt를 선택하여도 되겠지만, '1마일당 소비되는 가솔린으로'라는 해석이 가능한 inverse(1/mpg)를 선택하면 된다. 또한 <그림 3-12>에 p-값이 표시되어 있는데, 그래프를 참고하여 변수변환 형태를 고려하는 것도 하나의 대안이다.

3.2 상관관계분석

상관관계분석은 일반적으로 등간 및 비율척도로 측정된 변수간 연관성 여부와 그 정도를 분석할 수 있다. 상관관계분석은 다시 등간이나 비율척도인 경우와 서열척도인 경우로 나누어 분석해야 한다.

ref.) 변수의 수준
1. 등간변수: 사회과학영역에서는 등간변수가 그리 많지는 않다. 예를 들어 민원만족도를 측정한 결과 갑은 80점 을은 40점이라고 가정하면 갑이 을보다 만족도가 높다고 할 수 있다. 그러나 엄밀히 말해 40점의 차이를 정확히 말할 수 없다. 또한 비율변수와 달리 절대값 0이 존재하지 않기 때문이다. 즉, 만족도가 0이라고 측정되었다고 하더라

그림 3-13 ┃ 상관관계분석의 흐름

도 만족도가 실제 0은 아니기 때문이다. 다만 사회과학분야에서는 일반적으로 등간변수를 허용한다고 보면 된다.

2. 비율변수: 비율변수는 등간변수의 특성에 절대값 0이 포함된 변수이다. 따라서 사회과학 영역에서 비율변수는 그리 많지 않다. 예를 들면 가족 수 등이 비율변수에 해당된다.

3. 명목변수: 측정대상의 특징만을 구분할 수 있는 변수이다. 실제 사회과학분야에서는 많이 활용되는 변수는 명목변수라 할 수 있다. 또한 경우에 따라서 더미변수로 활용되기도 한다. 예를 들어 성별에 관해 측정할 때 남자는 1, 여자는 2라고 한다면 여자가 남자의 2배라고 말할 수 없기 때문이다. 또 다른 하나의 예를 들면 지방자치단체의 구분으로 광역시도는 1, 시는 2, 군은 3, 자치구는 4와 같은 변수들이 이에 해당한다.

4. 서열변수: 변수간에 서열(순서)이 존재하는 변수이다. 이 변수의 형태는 사회과학에서 많이 활용된다. 예를 들어 우리가 잘 알고 있는 5점 척도(매우 불만족 1, 다소 불만족 2, 보통 3, 다소 만족 4, 매우만족 5)와 같은 경우에 변수들간에 일정한 서열이 존재한다. 즉, 점수가 커질수록 만족도가 커진다고 할 수 있다. 하지만 변수값의 정확한 크기는 알 수 없다.

변수의 척도가 등간이나 비율인 경우는 일반적으로 피어슨 상관분석을 이용한다. 경우에 따라서 두 변수에 공통적으로 영향을 미치는 제3의 변수를 통제(제거)하고자 할 경우 편상관분석을 이용하고, 서열척도인 경우는 스피어만 서열상관분석을 이용한다.

먼저 상관계수에 대해 알아보면 다음과 같다. 상관계수의 특징은 물론 우리가 흔히 오해하기 쉬운 상관계수와 회귀계수의 차이를 살펴보면 다음과 같다.

ref.) 상관계수의 특징

1. 상관계수의 범위는 -1≤ ρ ≤1, 이때 모집단 상관계수를 rho ρ 라 부른다. 즉 항상 -1 에서 1 사이의 값을 갖는다. 이때 + 는 정적관계를 - 는 부적격관계를 나타낸다.

2. 1에 가까울수록 상관관계가 높고 0에 가까울수록 상관관계가 낮다. 다만 ρ 가 1(-1포 함)에 가까울수록(가정 6에 위배), 완벽한 선형관계를 이룬다.

ref.) 상관계수(r)와 회계계수(b)의 차이

상관계수는 회귀선 주변에 관측치들이 퍼져 있는 정도(degree of scatter)를 측정한 지표이다. 한편 회귀계수는 회귀직선의 기울기 정도(steepness)를 측정한 것이다.

여기서 꼭 알고 지나가야 할 것은 상관계수나 회귀계수 둘 중 하나가 0이면 나머지 하나도 0이 된다는 점이다. 이를 제외하고 둘 계수는 차이를 보인다.

예를 들어 회귀계수는 1.5이고, 상관계수는 0.89인 관측치와 회귀계수는 3이면서 상관계수는 0.30인 경우라면 전자는 후자에 비해 회귀계수(기울기)는 작지만 회귀선 주변에 밀집해 있기 때문에 상관계수가 훨씬 높다는 것을 알 수 있다.

상관관계분석시 가장 첫 단계로 먼저 *X*와 *Y*값을 그려서 두 변수간 대략적인 관계를 살펴볼 필요가 있다. 분석을 위해 사용된 데이터는 예제데이터 파일 sysuse auto. dta이다. 이를 위한 명령어는 graph matrix이고, scatter plot 그림을 그릴 수 있다.

Stata에서는 상관계수를 계산하는 명령어는 pwcorr(pairwise correlation), corr (correlation), pcorr(partial correlation coefficient)으로 구분이 가능하다. 〈그림 3-15〉 는 상관분석의 옵션에 관한 내용이다.

그림 3-14 ▮ graph matrix

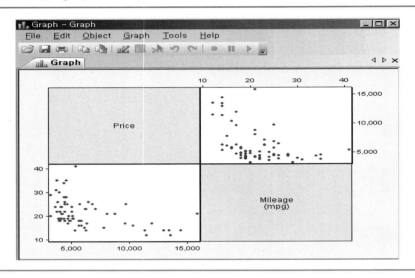

그림 3-15 ▮ corr, pwcorr의 옵션

correlate_options	Description
Options	
means	display means, standard deviations, minimums, and maximums with matrix
noformat	ignore display format associated with variables
covariance	display covariances
wrap	allow wide matrices to wrap

pwcorr_options	Description
Main	
obs	print number of observations for each entry
sig	print significance level for each entry
listwise	use listwise deletion to handle missing values
casewise	synonym for listwise
print(#)	significance level for displaying coefficients
star(#)	significance level for displaying with a star
bonferroni	use Bonferroni-adjusted significance level
sidak	use Sidak-adjusted significance level

표본상관계수를 계산한다는 점에서는 동일하다. 그러나 아래 분석결과를 확인해보면 pwcorr와 corr의 상관계수가 모두 음의 상관관계이지만 상관계수의 차

이를 보이는 것을 확인할 수 있다. 특히 price와 mpg에서 차이를 보이는데 이는 mpg지표에서 결측치가 있기 때문이다.

　다시 말해서 price와 mpg간 pwcorr의 상관계수는 −0.4686인데, corr은 −0.4559이다. 이는 추정방법의 차이에 기인한다. pwcorr은 결측치가 있는 지표 (mpg)만 제외하고 추정하는 반면 corr은 결측치가 하나라도 있을 경우 모든 지표 (price, mpg, rep78)를 삭제하여 추정하기 때문이다.

그림 3-16 ▌ pwcorr 실행

```
. pwcorr price mpg rep78

                 price      mpg    rep78

     price      1.0000
       mpg     -0.4686   1.0000
     rep78      0.0066   0.4023   1.0000
```

그림 3-17 ▌ corr 실행

```
. corr price mpg rep78
(obs=69)

                 price      mpg    rep78

     price      1.0000
       mpg     -0.4559   1.0000
     rep78      0.0066   0.4023   1.0000
```

그림 3-18 ▌ pwcorr, sig 옵션사용

```
. pwcorr price mpg rep78, sig

                  price      mpg     rep78

      price      1.0000


        mpg     -0.4686   1.0000
                 0.0000

      rep78      0.0066   0.4023   1.0000
                 0.9574   0.0006
```

한편 유의성을 검정하고자 할 때 sig 옵션을 사용하면 된다. 다만 sig 옵션은 pwcorr에만 유의성 검정옵션이 있다.

3.3 편상관계수분석

상관계수분석시 여타 변수들의 파급효과를 제거하고 추정하는 편상관계수 (pcorr)는 다음과 같다.

그림 3-19 ▌ pcorr

```
. pcorr price mpg rep78
(obs=69)

Partial and semipartial correlations of price with
```

Variable	Partial Corr.	Semipartial Corr.	Partial Corr.^2	Semipartial Corr.^2	Significance Value
mpg	-0.5009	-0.5009	0.2509	0.2509	0.0000
rep78	0.2332	0.2075	0.0544	0.0431	0.0557

위 명령문에서 보는 바와 같이 3개의 변수를 활용하여 pcorr 추정하였으나 price를 기준으로 나머지 2개 변수는 편상관계수로 계산된다. 우선 가격(price)과 주행거리(mpg)의 편상관계수는 −0.50이다. 다만 sig값은 편상관계수가 0이라는 귀무가설에 대한 p값(0.00)은 0.05보다 작기 때문에 5% 유의수준에서 편상관계수가 0이라는 가설을 기각할 수 있다.

따라서 가격과 주행거리가 유의한 음의 편상관계수를 갖는다는 의미는 rep78을 고정시킨 상태에서 연비가 증가할수록 가격은 낮아지는 경향이 있다.

또한 rep78의 경우 pwcorr의 상관계수는 0.0066에서 pcorr의 상관계수가 0.2332로 변화된 근본적인 이유는 편상관계수를 계산할 때는 두 변수 이외의 다른 변수들이 미치는 영향을 배제시키기 때문이다.

3.4 스피어만 & 켄달타우 상관계수분석

피어슨 상관계수분석이 모수적 분석이라면 스피어만(spearman)과 켄달(kendall's tau) 상관계수분석은 비모수적 방법이다. 스피어만 상관계수분석은 순위를 의미한다. 즉 변수값은 순위 외의 아무런 의미를 갖지 않는다. 다만 모든 데이터 값을 정렬하여 순위(rank)를 매긴 후 이를 기준으로 pearson correlation을 하는 방법이다.

spearman

그림 3-20 ▌ spearman 실행

```
. spearman price mpg

 Number of obs   =      74
 Spearman's rho  =   -0.5419

 Test of Ho: price and mpg are independent
      Prob > |t| =      0.0000
```

〈그림 3-20〉의 분석결과에 의하면 price와 mpg를 순위를 매긴 후 상관계수 분석을 하여도 1% 유의수준에서 상관관계가 있다고 할 수 있다. 피어슨 상관계수는 −0.4686인데 스피어만 상관계수는 −0.5419로 상관성이 다소 높아졌고 유의수준은 동일하게 1% 유의수준에서 귀무가설을 기각할 수 있다.

한편, 켄달타우 상관계수와 스피어만 상관계수 분석은 비모수적 rank를 이용하여 순위에 대한 상관성을 측정한다는 점은 일치한다. 그러나 스피어만 상관계수와 달리 순위의 일치성을 측정한다는 점에서 다소 차이를 보인다.

ktau

그림 3-21 ▌ ktau 실행

```
. ktau price mpg

  Number of obs =        74
Kendall's tau-a =     -0.3895
Kendall's tau-b =     -0.4002
Kendall's score =  -1052
    SE of score =     213.627    (corrected for ties)

Test of Ho: price and mpg are independent
      Prob > |z| =        0.0000  (continuity corrected)
```

위 분석결과에서는 tau-a, tau-b가 있다. rank_price와 rank_mpg의 켄달타우 계수는 −0.38~−0.4까지의 분포를 보이며 음의 상관관계이다. 켄달타우 상관계수는 p값이 0.0000으로 1% 유의수준에서 귀무가설을 기각할 수 있다.

3.5 그래프 그리기

Stata는 그래프 그리기가 아주 유용하다. 아울러 편집기능도 아주 유용하게 활용할 수 있다. twoway 명령어를 활용하여 · twoway (scatter mpg weight if foreign==0) (scatter mpg weight if foreign==1)을 입력하면 <그림 3-22>가 그려진다. 다만 이 결과는 컬러색상이기 때문에 통상적인 논문에서 활용되는 흑색으로 인쇄할 경우 전혀 분간을 할 수가 없게 된다. 따라서 이를 제어할 필요가 있다. 우선 s1mono를 적용해보자.

· set scheme slmono
· twoway (scatter mpg weight if foreign==0) (scatter mpg weight if foreign==1)

그림 3-22 ▌ 그래프 그리기 실행

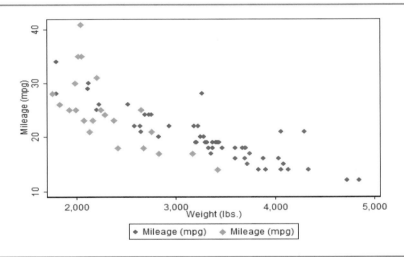

그러나 문제는 두 개의 회색조 톤이 구분이 잘 안된다. 따라서 이를 또렷하게 하는 방법이 있는데, 바로 lean을 활용한 도식이다.

lean명령어(lean1과 lean2을 활용하면 된다)를 활용하기 위해 우선 lean scheme를 적용해야 한다. 그러나 공식적인 지원하는 것이 아니기 때문에 이를 찾아서 설치할 필요가 있다.

· findit lean schemes

· set scheme lean1

· twoway (scatter mpg weight if foreign==0) (scatter mpg weight if foreign==1)

그림 3-23 ▌ 그래프 편집(1)

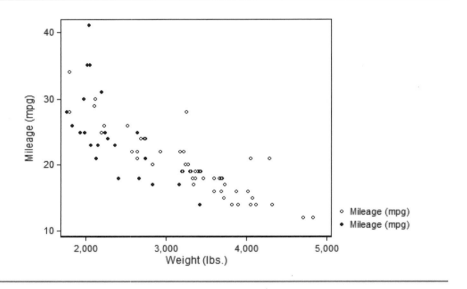

이제 뚜렷한 그래프가 그려지긴 했는데, 마커가 잘 보이지 않는데, 따라서 그래프를 편집해보자. 먼저 범례를 활용하여 명칭은 'Type'을, 그 하위 범주를 'A'와 'B'로 표시하여 보면 다음과 같다.

· twoway(scatter mpg weight if foreign==0) (scatter mpg weight if foreign==1), legend(title("Type") order(1 "A" 2 "B")) xsize(3.1) ysize(2.4) scale(1.4)

그림 3-24 ▌ 그래프 편집(2)

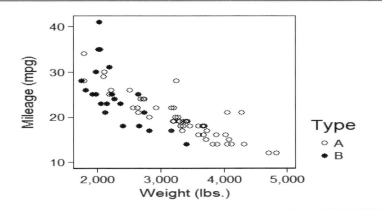

다만, 위 그래프가 좀 어색해 보인다. 그래서 가로의 크기는 3.1에서 3.9로, 세로의 크기는 2.1에서 2.5로 확장하고, 마커의 크기는 1.4에서 1.6으로 확대하고, 범례 글자의 크기는 기존의 크기에서 20%를 줄여 도식해보면 다음과 같다.

· twoway (scatter mpg weight if foreign==0) (scatter mpg weight if foreign==1), legend(title("Type", size(*0.8)) order(1 "A" 2 "B")) xsize(3.9) ysize(2.5) scale(1.6)

그림 3-25 ▮ 그래프 편집(3)

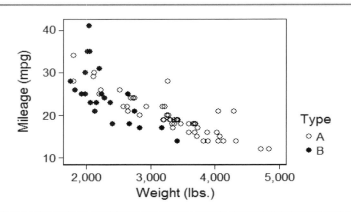

때로는 마커를 바꾸고 싶은 경우가 있을 것이다. 아래 명령어를 입력하면 다양한 마커기호를 확인할 수 있다.

· palette symbol

종전에 작업한 그래프에서의 범례 A의 마커를 ×로 바꾸고 싶다면 다음과 같은 과정을 거치면 된다. 즉 마커기호(msymbol(x))를 입력해주면 된다(▲를 사용하고 싶은 경우, (msymbol(T))를 적용하면 됨).

· twoway (scatter mpg weight, msymbol(x), if foreign= =0) (scatter mpg weight if foreign= =1), legend(title("Type", size(*0.8)) order(1 "A" 2 "B")) xsize(3.9) ysize(2.5) scale(1.6)

그림 3-26 ▌ 그래프 편집(4)

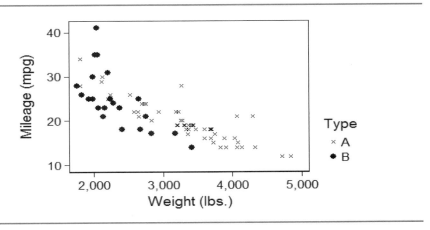

경우에 따라서는 히스트그램이나 막대그래프를 그려야 할 때가 있을 것이다. 동일한 데이터 셋(sysuse. dta)을 활용하여 히스토그램을 그려보자.

. set scheme lean2
. histogram weight, xsize(3.9) ysize(2.5) scale(1.6)

그림 3-27 ▌ 그래프 편집(5)

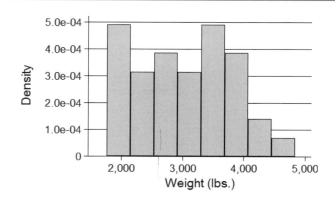

연구자가 볼 때도 위 그래프가 그리 만족스럽지 못하다. 그런데 갑자기 교수님께서 이러 저러한 개념을 적용하여 그래프를 다시 그려 오라는 과제를 주셨다고 가정하자. 다시 말해 무게가 1,000lbs부터 범위는 250을 적용하고, y축은 밀도(density) 대신 빈도(frequency)를 적용하고, 여기에 정규분포곡선과 커널밀도곡선을 그려보라는 것이다.

그림 3-28 ▌ 그래프 편집(6)

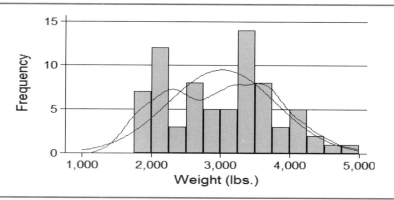

이제는 동일한 데이터 셋을 활용하여 막대그래프를 그려볼 차례이다. 누적막대그래프를 활용하여 집단별 분포를 비교해보면 아주 유용하다. 특별히 그래프에서 고려해야 할 것은 보조변수(x)를 만들고, 막대그래프의 밝기를 어두운 색에서 밝은 색으로 하든지, 아니면 반대의 경우를 적용할 수 있는데, 편의상 어두운 색에서 밝은 색으로 구성할 것이다. 또한 y축의 타이틀은 "percent"로, x축의 타이틀은 "type"으로 설정하고, 범례의 타이틀은 "repair" "time"을 적용해 누적막대그래프를 그려보면 다음과 같다.

. graph bar (count) x, over(rep78) over(foreign) asyvars percent stack bar(1, fcolor(gs0)) bar(2, fcolor(gs3)) bar(3, fcolor(gs6)) bar(4, fcolor(gs9)) bar(5, fcolor(gs12)) legend(title("repair" "record") order(5 4 3 2 1)) ytitle("Percent") b1title("Type") xsize(3.1) ysize(2.4) scale(1.5)

그림 3-29 ▍ 그래프 편집(7)

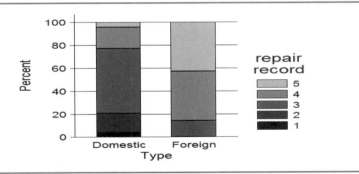

다만, 위 누적막대그래프의 범례 크기가 좀 크다고 여겨진다. 이 경우 위 명령어에서 "legend(title("repair" "record"))"을 legend(title("repair" "record", size(*0.7)))로 변경하면 크기가 줄어든다.

위 내용의 do−파일은 다음과 같다.

그림 3-30 ▮ 3장 do-파일

```
 1    *누적 막대그래프 그리기*
 2    sysuse auto.dta
 3    set scheme lean2
 4    graph bar (count) x                     ///
 5    ,                                       ///
 6    over(rep78) over(foreign)               ///
 7    asyvars percent stack                   ///
 8    bar(1, fcolor(gs0))                     ///
 9    bar(2, fcolor(gs3))                     ///
10    bar(3, fcolor(gs6))                     ///
11    bar(4, fcolor(gs9))                     ///
12    bar(5, fcolor(gs12))                    ///
13    legend(title("repair" "record")        ///
14    order(5 4 3 2 1))                       ///
15    ytitle("Percent")                       ///
16    b1title("Type")                         ///
17    xsize(3.1) ysize(2.4) scale(1.5)
```

3.5.1 고급그래프 그리기

경우에 따라서는 단순한 그래프가 아니라 피라미드형 그래프를 그려야 할 경우가 있다. 특히 아래의 경우와 같이 연령대별 인구구조 등을 그려야 한다. 이를 위해 프로그램에 탑재된 예제파일(sysuse pop2000.dta)을 활용하여 연령별 남녀 인구분포 그래프를 그려보자. 데이터는 남자 총인구(maletotal)와 여자 총인구(femaletotal) 등이 있다. 다만 데이터가 백만단위가 되기 때문에 단순화할 필요가 있다. 여기서는 백만으로 나누어 새로운 변수를 만들 것이다(fem_mil, male_mil).

그 과정은 아래와 같다. 특히 왼쪽에 표시된 백만단위 남자인구(male_mil)는 마이너스(−) 부호를 붙여주어야 한다. 또한 zero 변수를 만들어 모든 값이 0임을 지정해주었다.

```
. sysuse pop2000.dta
. gen fem_mil= femtotal/1000000
. gen male_mil= −maletotal/1000000
. gen zero=0
```

. twoway (bar fem_mil agegrp, horizontal) (bar male_mil agegrp, horizontal)

위와 같은 명령어(twoway)의 결과값이다.

그림 3-31   ▌   피라미드형 그래프 그리기(1)

그래프는 어느정도 만족스러운데, 이해를 돕기 위해 그래프에 연령대를 표시하고, 되어 있지 않고, 마커심벌(msymbol)과 y축제거(yscale(off))와 동시에 레이블 색깔을 검정색(mlabcolor(black))으로 변경한다고 가정하면 다음 명령어와 같다.

. twoway (bar fem_mil agegrp, horizontal) (bar male_mil agegrp, horizontal)
   (scatter agegrp zero, msymbol(none) mlabel(agegrp) mlabcolor(black)),
   yscale(off)

그림 3-32 ▌ 피라미드형 그래프 그리기(2)

위 그림에서 x축의 눈금을 조정하고(xlabel( )), 타이틀을 백만단위 인구라고 표시(pop. in millions)하고 싶다고 가정하면 그 명령어는 다음과 같다.

. twoway (bar fem_mil agegrp, horizontal) (bar male_mil agegrp, horizontal) (scatter agegrp zero, msymbol(none) mlabel(agegrp) mlabcolor(black)), yscale(off) xtitle(pop. in millions) xlabel(−12 "12" −8 "8" −4 "4" 4 8 12) legend(order(1 "male" 2 "female"))

그림 3-33 ▌ 피라미드형 그래프 그리기(3)

경우에 따라서는 함수 그림을 그려야 할 경우도 있다. 아래 명령어에서 x축의 범위를 결정하는 range( )옵션은 반드시 지정해야 한다. droplines( )는 function 명령어의 옵션으로 정규곡선 기준선을 지정할 때 사용한다.

```
. set scheme lean2
. twoway (function y=normalden(x), range(−3.5 3.5) dropline(−1.96 −1 0
    1 1.96))

. twoway (function y=normalden(x), range(−3.5 3.5) dropline(−1.96 −1 0
    1 1.96)), plotregion(margin(zero)) yscale(off) ylabel(, nogrid)
```

그림 3-34 ▌ 함수 그래프 그리기(1)

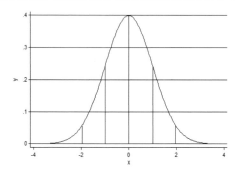

```
· twoway (function y=normalden(x), range(−3.5 3.5) dropline(−1.96 −1 0
    1 1.96)), plotregion(margin(zero)) yscale(off) ylabel(, nogrid) xlabel(−3
    −1.96 −1 0 1 1.96 3, format(%4.2f)) xtitle("standard deviation fron
    mean") xsize(3.3) ysize(2.2) scale(1.4)
```

그림 3-35   ▎   함수 그래프 그리기(2)

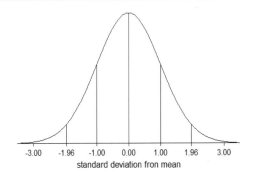

위 과정을 대화창을 활용하여 그래프를 그릴 수도 있다.

그림 3-36   ▎   그래프 작업창(1)

그림 3-37 ▐ 그래프 작업창(2)

3.5.2 그래프 에디터(Graph Editor)

그래프 에디터를 이용하여 자기가 원하는 양식의 제목과 범례 등을 바꿀 수 있는데, 그 과정은 다음 그림과 같다.

그림 3-38 ▐ 그래프 편집(1)

그림 3-39 ▌ 그래프 편집(2)

우측 중앙(음영 xaxis1 title)을 클릭하면 그래프 바로 위에 있는 color, size, margin, text가 시현된다. 변경하고 싶은 문구가 'pop. in millions' 대신에 '백만 단위 인구'라고 가정하고 아래와 같이 Text 부분에 입력한 후 엔터키를 실행하면 된다.

그림 3-40 ▌ 그래프 편집(3)

　　동일한 방식으로 '연령별 남녀분포'라는 title로 변경한다고 가정하자. 마찬가지로 text란에 '연령별 남녀분포'을 입력하고 엔터키를 실행하면 된다. 또 다른 방법으로 아래 그림에 표시된 title을 더블클릭하면 대화창이 표시되면 아래와 같이 text부분에 연령별 남녀분포를 입력한 후 Ok를 클릭하면 된다.

그림 3-41 ▮ 그래프 편집(4)

신뢰도분석

4.1 크론바하 알파계수

제 4 장

4.1 크론바하 알파계수

신뢰도 분석은 간략한 설명만으로 가능할 것 같다. 즉 어떤 지표에 대한 신뢰도의 평가를 나타난다. 사회과학에서 일반적으로 활용되는 설문지의 신뢰성은 매우 중요한 문제라 할 수 있다. 예컨대 설문기법으로 코딩된 5점 likert 척도 등에 관해 신뢰도 분석을 실시하게 된다. 왜냐하면 신뢰성추정은 일관성을 지니면서 안정성을 지녀야 함과 동시에 예측가능성을 지녀야 한다. 이를 위해 다양한 방법을 통해 신뢰계수를 추정하게 된다.

신뢰계수의 추정방법은 재시험법, 동형방법, 반분법, 내적일치도법이 있는데, 일반적으로 내적일치도방법에 의한 추정을 크론바하 알파(cronbach alpha)라 칭한다. 크론바하 알파의 추정옵션은 다음과 같다.

쉬어가기

예제데이터파일 활용법

- 97 -

이제 예제데이터 활용법에 대해 알아보자. 우선 위 그림에서와 같이 예제데 이터를 활용하려면 File > Example datasets...을 클릭하면 되는데, 아래 그림과 같 은 대화창이 나온다. 예제 데이터 파일의 구성은 두 가지인데, 시스템에 탑재된 데이터파일(Example datasets installed with Stata)과 매뉴얼별로 구분된 데이터 파일 (Stata 14 manual datasets)이 있다.

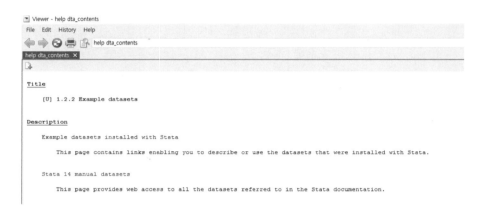

이미 설명한 r14/uslifeexp.dta 파일을 활용하려고 한다 이를 위해 시스템에 탑재된 파일(Example datasets installed with Stata)을 클릭해야 하는데, 세부 내용은 다음과 같다.

시스템에 탑재된 예제데이터 파일은 위 그림에서 보는 것처럼 그리 많지는
않다. 여기서 활용하려는 예제데이터 파일은 음영으로 처리되어 있는데, 이 예제
데이터파일을 곧 바로 활용하려면 "use"를 클릭하면 된다. 또한 바로 옆에 있는
"describe"를 클릭하면 예제파일의 전체 변수의 상세정보를 확인할 수 있다. 예제
데이터파일을 바로 활용하기 위해 "use"를 선택하면 되고, 아래 그림과 같이 변수
창에 변수가 생성되어있음을 알 수 있다.

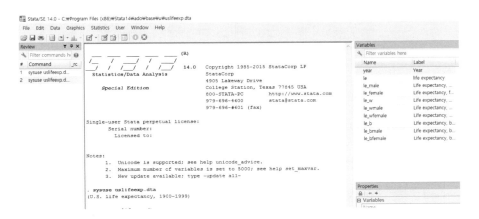

다시 말해 우측 변수창에 year, le, …, le_bfemale 등의 변수를 확인할 수 있
다. 이제 분석이 가능하다는 이야기다.

한편, 매뉴얼별 통계분석방법 등으로 구분하여 데이터 셋이 구성되어 있는
데, 다음과 같다(실제로는 아주 다양한 분석기법이 있다. 예컨대, 종단면 자료를 분석하
려면 XT클릭하면 된다).

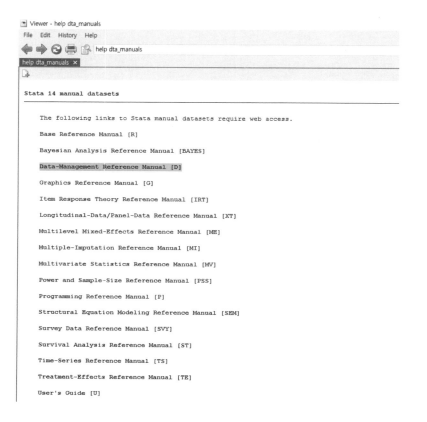

편의상 Data – Management Reference Manual [D]을 활용해보자.
Data – Management Reference Manual [D]을 클릭하면 아래와 같은 다양한 예제
데이터파일을 확인할 수 있다.

본 절에서는 예제데이터 r14/uslifeexp.dta를 활용한다. 변수로 활용된 남자의 기대수명(le_male), 여자의 기대수명(le_female), 백인남자의 기대수명(le_male), 백인여자의 기대수명(le_female)간 신뢰도를 분석하고자 한다.

Main 탭에서 변수란에 4개의 변수를 지정하고 옵션 탭에서 평균 0, 분산 1을 선택한다. 이 과정은 표준화옵션이며 공분산을 이용한다. 크론바하 알파계수의 명령어는 alpha이고 2개 이상의 변수를 지정해야 한다.

그림 4-1 ▮ alpha의 옵션

options	Description
Options	
asis	take sign of each item as is
casewise	delete cases with missing values
detail	list individual interitem correlations and covariances
generate(*newvar*)	save the generated scale in *newvar*
item	display item-test and item-rest correlations
label	include variable labels in output table
min(#)	must have at least # observations for inclusion
reverse(*varlist*)	reverse signs of these variables
std	standardize items in the scale to mean 0, variance 1

그림 4-2 ▮ alpha 대화창

위 분석결과에 의하면 사용된 변수의 수는 4개이고, 크론바하 알파계수가 0.99로 상당히 신뢰할 만한 계수이다. 크론바하 알파계수는 0~1 사이의 값을 가지며, 값이 높을수록 바람직하나 그에 대한 기준은 학자마다 다르기 때문에 반드시 몇 점 이상의 기준은 없다. 일반적으로 0.8~0.9 사이 값이라면 신뢰도가 상당히 높다고 할 수 있고, 0.7 이상이면 바람직하다고 본다. 또한 0.6 이상이면 수용

그림 4-3 ▌ alpha 실행결과

```
. alpha le_male le_female le_wmale le_wfemale, std

Test scale = mean(standardized items)

Average interitem correlation:        0.9937
Number of items in the scale:                4
Scale reliability coefficient:        0.9984
```

그림 4-4 ▌ 4장 do-파일

할 정도의 수준이라 여기지만 0.6 이하이면 내적일관성을 결여한 것으로 받아들여지기 때문에 상관관계가 낮은 항목이므로 제거하는 것이 바람직하다.

회귀분석

제 5 장

그림 5-1 ▌ 회귀분석의 흐름

자료: 이훈영(2009), p. 141

ref.) 회귀분석의 역사

회귀분석의 역사는 영국의 유전학자 프란시스 갈톤(Francis Galton)의 가설로부터 유래되었다. 그는 부모의 키와 아들의 키 사이에 선형적 관계가 있으며 키가 커지거나 작아지는 것보다는 전체적으로 모집단의 평균 신장에 접근(회귀)하려는 경향, 즉 "평균을 향한 회귀"현상이 있다는 것을 분석하기 위한 방법으로 회귀분석을 개발하였는데, 그는 거기에서 "평범을 향한 회귀"에 관해 낙관적으로 언급하였다.

그 후 칼 피어슨(Karl Pearson)이 아버지와 아들의 키를 조사한 결과를 바탕으로 함수관계를 도출하여 수학적으로 정립하였다.

그림 5-2 ▌ 회귀분석 결과도출(t-분포) 과정

자료: 배득종·정성호(2013), p. 83

그림 5-3 ▌ 가설검증

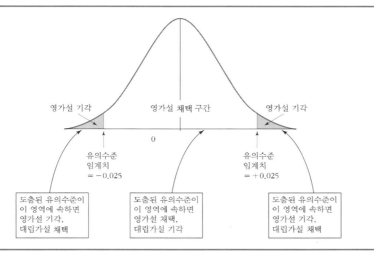

영가설 기각   영가설 채택 구간   영가설 기각

0

유의수준   유의수준
임계치   임계치
= −0.025   = +0.025

| 도출된 유의수준이
이 영역에 속하면
영가설 기각,
대립가설 채택 | 도출된 유의수준이
이 영역에 속하면
영가설 채택,
대립가설 기각 | 도출된 유의수준이
이 영역에 속하면
영가설 기각,
대립가설 채택 |

자료: 배득종 · 정성호(2013), p. 142

그림 5-4 ▌ reg의 옵션

options	Description
Model	
noconstant	suppress constant term
hascons	has user-supplied constant
tsscons	compute total sum of squares with constant; seldom used
SE/Robust	
vce(vcetype)	vcetype may be ols, robust, cluster clustvar, bootstrap, jackknife, hc2, or hc3
Reporting	
level(#)	set confidence level; default is level(95)
beta	report standardized beta coefficients
eform(string)	report exponentiated coefficients and label as string
depname(varname)	substitute dependent variable name; programmer's option
display options	control column formats, row spacing, line width, and display of omitted variables and base and empty cells
noheader	suppress output header
notable	suppress coefficient table
plus	make table extendable
mse1	force mean squared error to 1
coeflegend	display legend instead of statistics

5.1 단순선형회귀분석

선형회귀분석은 단순회귀분석과 다중회귀분석으로 분류할 수 있다. 독립변수가 종속변수에 미치는 영향을 분석하기 위한 각각 하나씩의 변수를 가진 모형으로 다음과 같다.

$y_i = \beta_0 + \beta_1 x_i + e_i$ 여기서, β_0와 β_1은 모수이며 두 모수간 선형관계를 측정할 수 있다. 또한 e_i는 y_i와 β_0와 β_1을 이은 직선상의 점과 오차를 나타난다. 근본적으로는 최소자승(Ordinary Least Square: OLS)의 추정방식이다.

ref.) 최소자승(제곱)법(Ordinary Least Square: OLS)

일반적으로 최소제곱법이라고도 부른다. 오차의 제곱 합이 최소인 방정식($y = a + bx$)을 회귀식으로 추정하는 것을 말한다. 그 밖에 가중최소제곱법(weighted least square) 등이 있지만 일반적으로 이용되는 이유는 비교적 추정과정이 간단하고 대부분의 자료를 보편적으로 적용할 수 있기 때문이다(김태근, 2006).

따라서 최소제곱법에서 기울기 b, 공분산(S_{xy}), 그리고 분산(S_x^2)의 계산과정을 알아보면 다음과 같다.

$$기울기(b) = \frac{\sum(x_i - \bar{x})(y_i - \bar{y})}{\sum(x_i - \bar{x})^2}$$

$$공분산(S_{xy}) = \frac{\sum(x_i - \bar{x})(y_i - \bar{y})}{(n-1)}$$

$$분산(S_x^2) = \frac{\sum(x_i - \bar{x})(y_i - \bar{y})}{(n-1)}$$

즉, 기울기 b는 분자의 모든 x의 값에서 x의 평균을 빼고 모든 y의 값에서 y의 평균을 빼고 이를 곱한 후 다 합한 뒤에 분모의 모든 x의 값에서 x의 평균을 빼주고 이를 제곱한 값들을 모두 합하면 기울기 b가 구해진다,

한편 공분산(S_{xy})은 기울기를 구하는 과정에서 분자를 $(n-1)$로 나누어 주면 x와 y의 공분산이 된다. 더불어 분산(S_x^2)은 분모를 $(n-1)$로 나누어 주면 x의 분산이 된다. 결과적으로 종속변수와 독립변수의 공분산을 독립변수의 분산으로 나누는 것과 동일한 값이 된다. 즉 기울기를 구하는 수식은 다음과 같이 표현할 수 있다.

$$b = \frac{Sxy}{Sx^2}$$

이해를 돕기 위해 실제 a(절편)와 b(기울기)를 구해보자.

x_i	y_i	$(x_i - \overline{x})$	$(y_i - \overline{y})$	$(x_i - \overline{x})^2$	$(y_i - \overline{y})^2$	$(x_i - \overline{x})(y_i - \overline{y})$
60	80	−8	−60	64	3600	480
62	99	−6	−41	36	1681	246
64	140	−4	0	16	0	0
66	155	−2	15	4	225	−30
68	119	0	−21	0	441	0
70	175	2	35	4	1225	70
72	145	4	5	16	25	20
74	197	6	57	36	3249	342
76	150	8	10	64	100	80
612	1260			240	10546	1208

$\overline{x} = 68$, $\overline{y} = 140$, 즉 x의 평균은 68, y의 평균은 140이다. 따라서 기울기 $b = \frac{1208}{240} = 5.03$이다. 다시 a를 구해보면 다음과 같다.

$$a = \overline{y} - b\overline{x} = 140 - 5.03(68) = -202.04$$

이를 좀 더 세분화하여 그림으로 표시하면 아래와 같다.

자료: 배득종·정성호(2013). p. 184.

ref.) 결정계수(R^2, coefficient of Determination)의 개념

위 그림에서 보는 것과 같이 아들의 키가 D라면 아버지의 평균값으로 예측한 점은 C이고, 회귀직선을 예측할 때는 B이다. 그렇다면 아버지의 실제 키가 A라면 평균값으로 예측한 것도 틀리고 회귀직선으로 예측한 것도 틀리다. 따라서 전체편차인 AC 중에서 설명된 편차 BC가 어느 정도 차지하는가를 측정한 것이 결정계수이다.

따라서 $R^2 = \dfrac{\Sigma(\text{설명된편차})^2}{\Sigma(\text{전체편차})^2} = \dfrac{\Sigma(BC)^2}{\Sigma(AC)^2}$ 가 된다.

최소자승법에 의해 얻어진 추정량은 최우수선형불편추정량(Best Liner Unbiased Estimator: BLUE)이 되고 다음과 같은 가정이 충족되어야 한다(Wooldridge, 2015).

쉬어가기

종속변수 vs. 독립변수

모집단을 대표하는 표본집단에서 두 변수 x와 y의 관계를 분석해보자. 일반적으로는 x가 y에 미치는 영향으로 정의한다. 이때 x는 독립변수(설명변수, 예측변수, 회귀변수)라 명명하고, y는 종속변수(피독립변수, 피예측변수, 피회귀변수)라 명명한다.

단순회귀모형의 다음과 같은 가정이 성립해야 한다. 다만 다중회귀모형과 구분하기 위해 SLR(simple linear regression)이라는 표현을 사용한다(Wooldridge, 2015).

가정 1(SLR.1) 모수에 대한 선형성(linear in parameters)

가정1은 단순회귀모형의 방정식이 모수와 선형관계에 있다는 것이다. 선형관계에 있다는 것은 모수의 값과 방정식의 값이 비례관계에 있음을 의미한다. 따라서 그래프는 직선의 형태(선형)로 그려지게 된다. 단순회귀모형의 방정식은 $y_i = \beta_0 + \beta_1 x_i + e_i$로 표현할 수 있다. 여기서 β_0와 β_1은 추정모형의 절편과 기울기 모수를 의미하며, e_i는 오차항(교란항)을 의미한다.

가정 2(SLR.2) 임의추출(random sampling)

가정 2는 모집단으로부터 임의적으로 표본을 추출한다는 것이다. "임의적"이라 함은 인위적인 개입이 없음을 의미한다. 임의추출이 보장될 때 표본들의 추출확률은 항상 동일하며, 한 표본의 선택이 다른 표본의 선택에 영향을 주지 않는다. 임의추출 시 발생하는 오차에 대해서는, 별도의 항을 세움으로써 처리한다. $y_i = \beta_0 + \beta_1 x_i + e_i,\ i = 1, 2, 3, ..., n$에서, e_i가 바로 관측값 i(개인, 그룹, 도시 등)의 오차항이다. 이러한 e_i는 y_i에 영향을 미치는 요소 중 관측되지 않는 요소, 즉 설명되지 않는 요소를 의미한다.

가정 3(SLR.3) 표본 내 독립변수 값 다름

가정 3은 표본의 독립변수 값이 모두 다르다는 것이다. 표본 내 서로 동일한 값을 가진 변수는 의미가 없다. 여러 개의 동일한 변수는 표본 실현에 유의미한 영향을 미치지 못하기 때문이다. 개체별 독립변수의 값 $\{x_i, i = 1, 2, ..., n\}$들은 모두 동일하지 않아야 한다.

가정 4(SLR.4) 조건부 0 평균(zero conditional mean)

가정 4는 독립변수 값에서 오차 e_i는 0의 기댓값을 갖는다는 것이다. 이 가정을 통해 수학적 전개가 단순화된다. 이는 $E(e_i|x_i) = 0$, $cov(x_i, e_i) = 0$로 표현할 수 있으며, 이 가정을 통해 x_i값의 임의성이 해소된다. 따라서 x_i의 값을 조건부로 도출할 수 있다. 독립변수 $x_1, x_2, ..., x_n$에서 n개의 표본값을 반복추출하더라도 오차는 0의 기댓값을 갖는다.

가정 5(SLR.5) 동분산(homoskedasticity)

가정 5는 모든 독립변수 값에서 오차 e_i가 동일한 분산을 갖는다는 것이다. 비관측 요소 e_i의 x_i 조건부 분산이 상수라는 말로, 이를 동분산(homoskedasticity) 또는 동일 분산(constant variance)이라고 한다. 즉 오차항의 조건부 분산 $var(e_i|x_i)$은 모든 i에 대해 동일하며, $var(e_i|x_i) = \sigma^2$이 성립한다. 이는 $var(e_i|x_i)$가 x_i에 따라 달라질 때 오차항이 보여주는 이분산(heteroskedasticity) 또는 일정하지 않은 분

그림 5-5 ▐ reg 실행

```
. reg price mpg

      Source |       SS       df       MS              Number of obs =      74
-------------+------------------------------           F(  1,    72) =   20.26
       Model |  139449474        1  139449474          Prob > F      =  0.0000
    Residual |  495615923       72 6883554.48          R-squared     =  0.2196
-------------+------------------------------           Adj R-squared =  0.2087
       Total |  635065396       73 8699525.97          Root MSE      =  2623.7

-------------+----------------------------------------------------------------
       price |      Coef.   Std. Err.      t    P>|t|     [95% Conf. Interval]
-------------+----------------------------------------------------------------
         mpg |  -238.8943   53.07669    -4.50   0.000    -344.7008   -133.0879
       _cons |   11253.06   1170.813     9.61   0.000     8919.088    13587.03
------------------------------------------------------------------------------
```

산(nonconstant variance)과 대조된다.

명령어 reg 다음에 price는 종속변수이고, 그 다음 mpg는 독립변수이다. Stata에서는 맨 먼저 종속변수를 적고 그 다음 독립변수를 적는다. β_1인 mpg의 계수값(coef)은 −238.89이고, β_0는 cons coef로 11253.06이다. 이 분석결과에 의하면 연비가 1 상승하면 가격은 238 감소한다고 해석한다. 또한 R-squared(21.96)는 모형적합도를 의미하기도 하지만 모형의 설명력을 의미하기도 한다.

이미 설명한 바와 같이 잔차의 분포가 정규분포를 따라야 한다. 다음 명령어는 사후추정(postestimation)이기 때문에 반드시 회귀분석을 수행한 후에 실행해야 한다. predict 명령어를 실행하면 잔차를 직접 얻을 수 있다. 이 가정은 swilk (shapiro−wilk) 명령어를 활용하면 검정이 가능하다.

shapiro−wilk 검정결과, 잔차가 정규분포를 따른다는 귀무가설이 기각된다. 더불어 rvfplot(잔차 대 적합값)을 검정한 결과이다.

```
. predict rprice if e(sample)
(option xb assumed; fitted values)

. swilk rprice
```

```
                    Shapiro-Wilk W test for normal data
```

Variable	Obs	W	V	z	Prob>z
rprice	74	0.94701	3.413	2.678	0.00371

```
. rvfplot, yline(0)
```

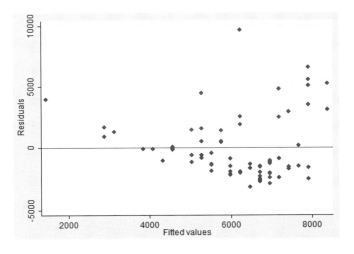

위 결과로 유추할 수 있는 점은 price의 값이 증가하면서 잔차의 변이가 증가하고, 등분산의 요건을 충족하지 못하고 있다. 따라서 이미 설명한 gladder 명령어를 활용하여 정규분포를 확인한 후 다시 회귀분석을 할 필요가 있다.

　<그림 5-5> 분석결과를 그래프로 그릴 때 다음과 같은 명령어를 실행하면 된다.

```
. twoway (scatter price mpg) (lfit price mpg)
```

위 명령어를 대화창을 통해 알아보면 다음과 같다. 먼저 plot이 2개로 나누어진다. 하나는 scatter이고, 또 다른 하나는 lfit이다. 우선 Graphic 메뉴에서 twoway graph(scatter, line 등)을 클릭한 후 아래의 plot 1과 plot 2를 차례대로 지정하여 Accept하면 된다.

그림 5-6 ▌ plot 대화창

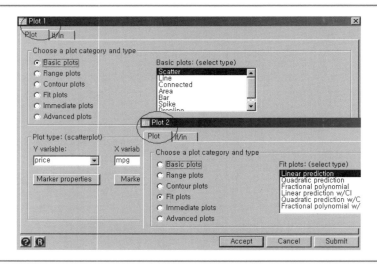

이 과정을 거치고 나면 다음과 같은 그래프가 생성된다. Stata그래프 그리기와 그에 관한 다양한 편집기능이 있어 아주 유용하다.

그림 5-7 ▌ two-way 결과

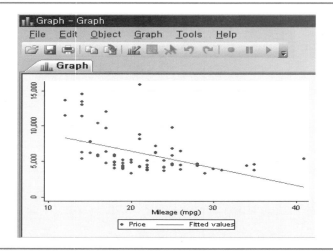

그림 5-8 ▌ 상수항 제거한 reg 분석결과

```
. reg price mpg, nocons
```

Source	SS	df	MS		Number of obs =	74
					F(1, 73) =	149.44
Model	2.3163e+09	1	2.3163e+09		Prob > F =	0.0000
Residual	1.1315e+09	73	15500024.6		R-squared =	0.6718
					Adj R-squared =	0.6673
Total	3.4478e+09	74	46592355.7		Root MSE =	3937

price	Coef.	Std. Err.	t	P>|t|	[95% Conf. Interval]	
mpg	253.6302	20.74754	12.22	0.000	212.2804	294.98

경우에 따라 상수가 없는 모형을 추정하기 위해서는 nocons 옵션을 사용하면 된다.

5.2 다중선형회귀분석

다중선형회귀분석은 독립변수가 2개 이상인 경우 종속변수에 미치는 영향을 분석하기 위한 모형이다. 분석의 기본모형은 다음과 같다.

$$y_i = \beta_0 + \beta_1 x_{1i} + \beta_2 x_{2i} + \cdots + e_i$$

또한 다중선형회귀모형의 다음과 같은 가정이 성립해야 하며, MLR(multiple linear regression)이라는 표현을 사용한다(Wooldridge, 2015).

가정 1(MLR.1) 모수에 대한 선형성(linear in parameters)

가정 1은 단순회귀모형의 방정식이, 모수와 선형관계에 있다는 것이다. 선형관계에 있다는 것은, 모수의 값과 방정식의 값이 비례관계에 있음을 의미한다. 따라서 그래프는 직선의 형태(선형)로 그려지게 된다. 다중회귀모형의 방정식은 $y_i = \beta_0 + \beta_1 x_i + \beta_2 x_i + ... + \beta_k x_k + e_i$로 표현할 수 있다. 여기서 $\beta_0, \beta_1, ..., \beta_k$는 알고자 하는 모수를 의미하며, e_i는 오차항으로 관측되지 않는 확률적 오차를 의미한다.

가정 2(MLR.2) 임의추출(random sampling)

가정 2는 모집단으로부터 임의적으로 표본을 추출한다는 것이다. "임의적"이라 함은 인위적인 개입이 없음을 의미한다. 임의추출이 보장될 때 표본들의 추출 확률은 항상 동일하며, 한 표본의 선택이 다른 표본의 선택에 영향을 주지 않는다. 임의추출 시 발생하는 오차에 대해서는, 별도의 항을 세움으로써 처리한다. $y_i = \beta_0 + \beta_1 x_i + \beta_2 x_i + ..., + \beta_k x_k + e_i$, $i = 1, 2, 3, ..., n$에서, e_i가 바로 관측값 i(개인, 그룹, 도시 등)의 오차항이다. 이러한 e_i는 y_i에 영향을 미치는 요소 중 비관측(관측되지 않은)요소, 즉 설명할 수 없는 요소를 의미한다.

가정 3(MLR.3) 완전한 공선성이 없어야 함(no perfect collinearity)

가정 3은 독립변수들 사이에 완전한 상관관계가 있어서는 안 된다는 것이다. 두 변수 간의 상관관계를 "공선성"이라고 한다. 완전한 공선성은 상관관계가 1이됨을 의미하며, 이는 통계적으로 유의미한 결과를 도출하지 못한다. 이 가정은 단순회기모형에서의 가정보다 더 복잡한데, 그 이유는 하나의 독립변수가 아닌 모든 독립변수들 간의 관계를 고려해야 하기 때문이다.

가정 4(MLR.4) 조건부 0 평균(zero conditional mean)

가정 4는 독립변수 값에서 오차 e_i는 0의 기댓값을 가진다는 것이다. 이 가정을 통해 수학적 전개가 단순화된다. 이는 $E(e_i|x_i) = 0$, $cov(x_i, e_i) = 0$로 표현할 수 있으며, 이 가정을 통해 x_i값의 임의성이 해소된다. 따라서 x_i의 값을 조건부로 도출할 수 있다.

가정 5(MLR.5) 동분산(homoskedasticity)

가정 5는 모든 독립변수 값에서 오차 e_i가 동일한 분산을 갖는다는 것이다. 비관측 요소 e_i의 x_i 조건부 분산이 상수라는 말로, 이를 동분산(homoskedasticity)

또는 동일 분산(constant variance)이라고 한다. 즉 오차항의 조건부 분산 $var(e_i|x_i)$ 은 모든 i에 대해 동일하며, $var(e_i|x_i) = \sigma^2$이 성립한다. 이는 $var(e_i|x_i)$가 x_i에 따라 달라질 때 오차항이 보여주는 이분산(heteroskedasticity) 또는 일정하지 않은 분산(nonconstant variance)과 대조된다.

명령어 reg 다음에 price는 종속변수이고, 그 다음 weight, length는 각각 독립변수이며, 이를 순차적으로 열거하면 된다.

아래 분석결과에서 β_1인 mpg의 계수값(coef)은 4.699이고, β_2인 length의 계수값(coef)은 −97.96이고 β_0는 cons coef으로 10386다. 이 분석결과에 의하면 무게가 상승할 때마다 가격이 4.69만큼 상승하고, 길이가 길수록 가격이 97.96만큼 감소한다고 해석한다. 다중회귀분석은 Adj. R-squared를 적용해야 하는데 32.92 이다.

그림 5-9 ▌ reg (다중회귀분석)

```
. reg price weight length

      Source |       SS       df       MS              Number of obs =      74
-------------+------------------------------           F(  2,    71) =   18.91
       Model |   220725280      2   110362640          Prob > F      =  0.0000
    Residual |   414340116     71  5835776.28          R-squared     =  0.3476
-------------+------------------------------           Adj R-squared =  0.3292
       Total |   635065396     73  8699525.97          Root MSE      =  2415.7


       price |      Coef.   Std. Err.       t    P>|t|     [95% Conf. Interval]
-------------+----------------------------------------------------------------
      weight |   4.699065   1.122339     4.19   0.000     2.461184    6.936946
      length |  -97.96031    39.1746    -2.50   0.015    -176.0722   -19.84838
       _cons |   10386.54   4308.159     2.41   0.019     1796.316    18976.76
```

그런데 문제는 변수들이 비율변수(%)가 아니기 때문에 독립변수의 %변화가 종속변수 %에 미치는 영향을 분석하는 데 한계가 있다. 다만 증감여부만을 알 수 있을 뿐이다. 이를 보완하기 위해 beta 옵션을 추가하면 추정이 가능하다(SPSS의 표준화에 동일). beta를 적용하면 신뢰구간 대신 베타(beta)값이 표시된다.

ref.) 실제분석을 수행하는 동안 극단치는 추정결과의 오류를 발생시키게 된다. 극단치
(outlier)는 일반적인 패턴을 벗어나서 추정오류를 발생하는 관측값이다. 일반적으로
극단치는 제거하면 되지만, 불가피하게 제거하지 않고 지표를 활용할 경우가 있다.
이때 활용가능한 명령어는 reg 대신 rreg를 활용하면 된다.

그림 5-10 ▌ 표준화 추가한 reg

```
. reg price weight length, beta

      Source |       SS       df       MS              Number of obs =      74
-------------+------------------------------           F(  2,    71) =   18.91
       Model |  220725280        2   110362640         Prob > F      =  0.0000
    Residual |  414340116       71  5835776.28         R-squared     =  0.3476
-------------+------------------------------           Adj R-squared =  0.3292
       Total |  635065396       73  8699525.97         Root MSE      =  2415.7

------------------------------------------------------------------------------
       price |      Coef.   Std. Err.      t    P>|t|                     Beta
-------------+----------------------------------------------------------------
      weight |   4.699065   1.122339     4.19   0.000                 1.238206
      length |  -97.96031    39.1746    -2.50   0.015                -.7395222
       _cons |   10386.54   4308.159     2.41   0.019                        .
------------------------------------------------------------------------------
```

이를 근본적으로 해결하기 위해서는 변수에 자연로그를 취하는 방법이 있다.
일반적으로 설명변수와 종속변수에 취하면 탄력성의 개념과 일치하게 된다. 즉 x
가 1% 변화하면 y가 1% 변화한다는 해석이 가능하다.

$\ln y_i = \beta_0 + \beta_1 \ln x_1 + \beta_2 \ln x_2 + e_i$은 독립변수와 종속변수에 자연로그를 취한 경
우이다. 경우에 따라서는 독립변수와 종속변수에만 자연로그를 취할 수 있다.

그림 5-11 ┃ 로그변환 후 reg

```
. gen ln_weight =log(weight )

. gen ln_length =log( length )

. reg ln_price ln_weight ln_length
```

Source	SS	df	MS
Model	2.87416221	2	1.4370811
Residual	8.34937087	71	.117596773
Total	11.2235331	73	.153747029

```
Number of obs =      74
F( 2,    71) =   12.22
Prob > F      = 0.0000
R-squared     = 0.2561
Adj R-squared = 0.2351
Root MSE      = .34292
```

ln_price	Coef.	Std. Err.	t	P>|t|	[95% Conf. Interval]	
ln_weight	1.067446	.4817506	2.22	0.030	.1068632	2.02803
ln_length	-.7712941	1.068029	-0.72	0.473	-2.900883	1.358295
_cons	4.156867	2.277525	1.83	0.072	-.3843896	8.698123

위 분석결과에 의하면 무게가 1% 증가하면 가격이 1.067% 증가한다고 해석하면 된다.

5.3 비선형회귀분석(2차모형)

선형회귀모형 중 설명변수의 제곱이 포함되어 있는 모형을 일반적으로 2차(quadratic)모형이라 부른다. 아래의 분석모형은 설명변수와 종속변수간 비선형이고, 모수간 비선형관계를 추정할 수 있는 모형으로 다음과 같다. 즉, $y_i = \beta_0 + \beta_1 x + \beta_2 x^2 + e_i$이다.

이때 주의 깊게 살펴볼 내용은 설명변수(x)와 설명변수의 제곱변수(x^2)간 관계를 살펴보아야 하는데 계수값이 바뀌는지가 중요하고 두 변수가 동일하게 통계적으로 유의미한 관계여야 한다. 즉, coef가 정(+)에서 부(−)로 바뀌든지 아니면 coef가 부(−)에서 정(+)으로 바뀌어야 하고 통계적으로 유의미한 경우에 비선형 관계가 있다고 할 수 있다. 다음 모형은 auto.dta를 활용하여 비선형모형을 가정 하였다.

$$price = \beta_0 + \beta_1 weight + \beta_2 weight^2 + e_i$$

2차 모형을 만들기 위해 변수의 제곱(weight2)을 만든 뒤 분석하면 다음과 같다.

그림 5-12 ▌ gen 변환후 reg

```
. gen weight2= weight^2

. reg price weight weight2
```

Source	SS	df	MS		Number of obs =	74
					F(2, 71) =	23.09
Model	250285462	2	125142731		Prob > F =	0.0000
Residual	384779934	71	5419435.69		R-squared =	0.3941
					Adj R-squared =	0.3770
Total	635065396	73	8699525.97		Root MSE =	2328

price	Coef.	Std. Err.	t	P>|t|	[95% Conf. Interval]	
weight	-7.273097	2.691747	-2.70	0.009	-12.64029	-1.905906
weight2	.0015142	.0004337	3.49	0.001	.0006494	.002379
_cons	13418.8	3997.822	3.36	0.001	5447.372	21390.23

위 분석결과를 보면 앞서 가정한 weight2의 추정계수(0.0015)가 양이면서 통계적으로 유의미하다. 또한 이미 설명한 바와 같이 weight의 추정계수는 음(−)이면서 통계적으로 유의미하다.

따라서 무게가 무거워질수록 가격이 떨어지다가 일정한 수준 이상이 되면 오히려 가격이 올라간다고 할 수 있다. 즉, 가격이 낮아지다가 올라가는 지점은

$-\hat{\beta}_1/2\hat{\beta}_2$으로 설명이 가능하며 다음과 같이 계산할 수 있다.

또한 한계효과를 계산해보면 다음과 같다.

```
. di -_b[weight]/(2*_b[weight2])
2401.6552
```

위 결과에 의하면 단위가 lbs이기 때문에 평균적으로 2,401파운드가 되는 지점까지는 가격이 감소하다가 2,401파운드를 넘어서면 가격이 오히려 증가하는 것으로 나타났다.

이러한 2차항의 효과를 한계효과라 부르고, 한계효과는 그래프로 도식이 가능한데 다음과 같은 과정이 필요하다. 이러한 모형은 일반적으로 U형과 역 U형이라 부른다.

상단 메뉴에서 Graphics> Twoway graphs를 선택하면 다음과 같은 대화창이 나타난다. 이어 create를 적용하여 plot 1 대화창이 나타나면 그림종류는 Fit plots를 선택하고, 유형(selected type)은 Quadratic prediction을 선택한 다음 y변수에 price, x변수에 weight를 지정한다. 더불어 무게가 2,401일 때 한계효과가 있다는 것을 표시하기 위해 추가적인 작업이 필요하다.

그림 5-13 ▌ two-way 그래프 대화창

그림 5-14 ▌ plot 1 대화창

바로 위 대화창 우측 하단에 있는 Accept를 적용하면 다음과 같은 대화창이
나타난다.

그림 5-15 ▌ plot 2 대화창

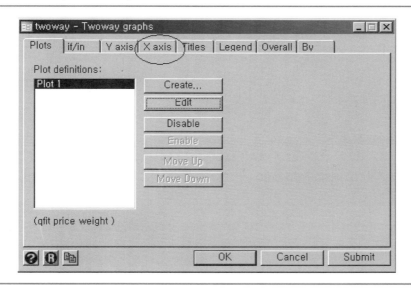

세부적인 그래프의 형식을 결정하기 위한 옵션으로 X axis를 실행시킨 다음
Major tick/label properties와 Reference lines를 적용하면 된다. Major tick/label
properties에는 custom rule에 지정하고 싶은 x축의 범주를 1760 2401 3500
4840으로 적용하고 Reference lines에는 한계효과지점인 2401을 적용하고 패턴은
long-dash를 적용하였다.

그 일련의 과정은 다음 3개의 그림을 보면 알 수 있다.

그림 5-16 ▐ plot 3 대화창

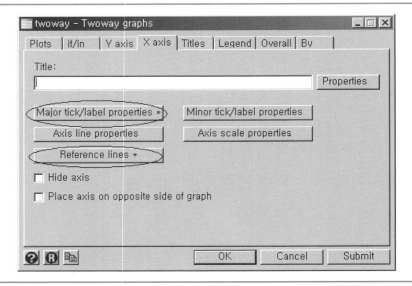

그림 5-17 ▐ axis tick 제어

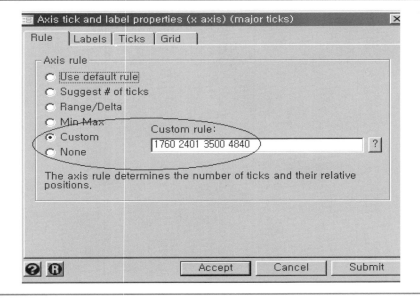

그림 5-18 ▌ x axis reference line 제어

지금까지의 과정을 거치면 다음과 같은 그래프가 생성된다.

그림 5-19 ▌ 비선형 그래프 결과

이렇듯 메뉴를 활용하면 아주 복잡한 과정이지만 아래와 같은 명령어를 적용하면 위와 동일한 결과를 도출할 수 있는데 명령어는 다음과 같다.

. twoway (qfit price weight),xline(2401,lpattern(longdash)) xlabel(1760 2401 3500 4840)

학문적 관점에서는 두 변수(price, weight)간 2차모형보다는 다른 관점에서 접근될 여지가 더욱 많다. 즉, 독립변수가 여러 개 있는 다중회귀분석에 적용할 여지가 더욱 많다는 점이다. 따라서 다른 데이터(nlsw88.dta)를 활용하여 분석을 해본다.

그림 5-20   ▌   타 변수를 제어한 후 비선형모형(reg) 분석결과

```
. reg lnwage tenure tenure2 ttl_exp
```

Source	SS	df	MS		Number of obs =	2231
					F(3, 2227) =	146.28
Model	120.534401	3	40.1781338		Prob > F =	0.0000
Residual	611.682667	2227	.274666667		R-squared =	0.1646
					Adj R-squared =	0.1635
Total	732.217068	2230	.328348461		Root MSE =	.52409

lnwage	Coef.	Std. Err.	t	P>|t|	[95% Conf. Interval]	
tenure	.0441508	.0066819	6.61	0.000	.0310473	.0572543
tenure2	-.0017963	.0003526	-5.09	0.000	-.0024878	-.0011049
ttl_exp	.0391351	.0029499	13.27	0.000	.0333501	.04492
_cons	1.236119	.0360303	34.31	0.000	1.165463	1.306776

예컨대 $lnwage = \beta_0 + \beta_1 tenure + \beta_2 tenure^2 + \beta_3 ttl\_exp + e$ 모형을 구성하여 그래프를 그린다고 가정하면 lnwage, tenure 변수 외에 추가되는 변수(ttl_exp)를 통제하기 위해 추가적인 작업이 필요하다. 다시 말해서 두 변수간 그래프를 그리기 위해서는 두 변수를 제외한 ttl_exp를 평균값으로 고정할 필요가 있다. 그 과정을 살펴보면 다음과 같다.

그림 5-21 ▮ 타 변수 평균 고정대화창

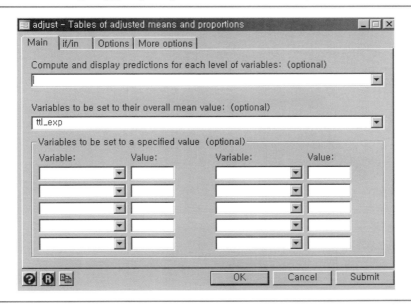

위 대화창의 main 탭에서 평균값으로 고정시킬 gear_ratio변수를 지정한 뒤이어 if/in 탭에서 e(sample)==1을 지정한다. Option 탭의 새로운 변수 생성에서 predition variable을 선택하고 lnwage를 입력하면 다음과 같은 결과가 도출된다.

위 분석결과에 따르면 ttl_exp의 평균이 12.55년이라는 것을 알 수 있는데 이는 12.55년에 고정시킨 상태에서 두 변수의 관계를 구할 수 있다. ttl _exp를 통제하지 않은 상태에서 두 변수간 관계는 18.1로 차이를 보인다(민인식 · 최필선, 2009: 266).

그림 5-22 ▮ db adjust 실행결과

```
. db adjust

. adjust ttl_exp if e(sample)==1, xb generate(lnwage_1)


        Dependent variable: lnwage      Command: regress
          Created variable: lnwage_1
     Variables left as is: tenure, tenure2
     Covariate set to mean: ttl_exp = 12.554851


        All │          xb
     ───────┼──────────────
            │     1.87267
     ───────┴

     Key:  xb  =  Linear Prediction
```

5.4 더미변수를 활용한 회귀분석

　　회귀분석에서 일반적으로 사용하는 변수들은 등간이나 비율척도 등 연속변수이다. 그러나 경우에 따라서 종교, 성별, 인종 등과 같은 명목척도를 이용하여 분석하는 경우가 있다. 즉, 0과 1의 값을 갖는 이항변수도 있을 수 있고, 더 나아가 본 예제파일과 같이 변수가 세 가지(1, 2, 그리고 3)인 경우도 있다.

　　이러한 회귀분석을 일반회귀분석과 구분하여 더미변수를 활용한 회귀분석이라 부르며, Stata에서는 xi명령어를 활용하면 쉽게 분석이 가능하다. 여기서 더미변수로 활용될 변수는 race인데, 더미변수로 변환하겠다는 명령어 xi, 해당변수 앞에 I.를 추가하면 된다.

그림 5-23 ▌ 더미변수를 활용한 reg

```
. xi: reg lnwage I.race ttl_exp
I.race            _Irace_1-3        (naturally coded; _Irace_1 omitted)
```

Source	SS	df	MS		
Model	123.566973	3	41.188991	Number of obs =	2246
Residual	617.602136	2242	.275469285	F(3, 2242) =	149.52
				Prob > F =	0.0000
				R-squared =	0.1667
				Adj R-squared =	0.1656
Total	741.169109	2245	.330142142	Root MSE =	.52485

lnwage	Coef.	Std. Err.	t	P>|t|	[95% Conf. Interval]	
_Irace_2	-.1766994	.0253208	-6.98	0.000	-.226354	-.1270448
_Irace_3	.0537697	.1037466	0.52	0.604	-.1496796	.2572191
ttl_exp	.0483856	.0024034	20.13	0.000	.0436724	.0530987
_cons	1.307377	.0326544	40.04	0.000	1.243341	1.371413

이미 설명한 바와 같이 더미변수를 활용하면 가정 3(MLR.3)의 설명변수들간에는 완전한 선형관계가 없어야 하기 때문에 _Irace_1(백인그룹)은 제거되었다. 위 결과를 해석하면 다음과 같다. 종속변수가 lnwage로 자연로그를 취하였기 때문에 증가율로 해석해야 한다.

_Irace_2(흑인그룹)는 추정계수가 -.1766이기 때문에 모형에서 제외된 범주그룹_Irace_1(백인그룹)에 비해 다른 조건인 총직업경력(ttl_exp)이 서로 같을 경우에 평균적으로 17.66% 임금이 더 낮다고 할 수 있다. 또한 _Irace_3(기타그룹)은 _Irace_1(백인그룹)에 비해 동일한 조건에서 0.048% 높다고 할 수 있다.

5.5 로지스틱 회귀분석

회귀분석은 X와 Y의 관계(선형회귀함수) 추론을 통해 Y변수를 예측하는 방법으로 두 변수가 모두 연속변수일 때 사용한다. 하지만 경우에 따라서 종속변수가 이항분포(yes=1. no=0)일 때가 있다. 이때 로지스틱 회귀분석을 활용한다.

독립변수가 연속변수나 범주형 변수 모두 사용가능하다는 장점이 있다. 일반적으로 x가 증가함에 따라 기대반응 $E(y)$의 값이 1로 수렴하는 양상을 거친다. 이와 같은 함수를 로지스틱함수라 부른다. 로지스틱함수는 x값에 따라서 y값이 0 또는 1의 값을 가지므로 logit transformation을 통해 이분변수인 y를 확률개념으로 바꿔 주어야 하는데, logit y x를 가정하면 $\Pr(y_j \neq 0|x_j) = \dfrac{\exp(x_j\beta)}{1+\exp(x_j\beta)}$로 표현할 수 있다.

로지스틱회귀분석의 옵션은 다음과 같다.

그림 5-24 ▌ 로지스틱 회귀분석 옵션

options	Description
Model	
<u>nocon</u>stant	suppress constant term
<u>off</u>set(*varname*)	include *varname* in model with coefficient constrained to 1
asis	retain perfect predictor variables
<u>constraints</u>(*constraints*)	apply specified linear constraints
<u>coll</u>inear	keep collinear variables
SE/Robust	
vce(*vcetype*)	*vcetype* may be oim, <u>r</u>obust, <u>cl</u>uster *clustvar*, <u>boot</u>strap, or <u>jack</u>knife
Reporting	
<u>l</u>evel(#)	set confidence level; default is level(95)
or	report odds ratios
<u>nocns</u>report	do not display constraints
display_options	control column formats, row spacing, line width, and display of omitted variables and base and empty cells
Maximization	
maximize_options	control the maximization process; seldom used
<u>nocoef</u>	do not display coefficient table; seldom used
<u>coefl</u>egend	display legend instead of statistics

예제데이터 파일의 foreign은 국내차인가 국외차인가 여부이고 mpg는 연비를 나타난다.

그림 5-25 ▌ logit 분석결과

```
. logit foreign mpg

Iteration 0:   log likelihood = -45.03321
Iteration 1:   log likelihood = -39.380959
Iteration 2:   log likelihood = -39.288802
Iteration 3:   log likelihood =  -39.28864
Iteration 4:   log likelihood =  -39.28864

Logistic regression                             Number of obs   =         74
                                                LR chi2(1)      =      11.49
                                                Prob > chi2     =     0.0007
Log likelihood = -39.28864                      Pseudo R2       =     0.1276

-------------------------------------------------------------------------------
     foreign |      Coef.   Std. Err.      z    P>|z|     [95% Conf. Interval]
-------------+-----------------------------------------------------------------
         mpg |   .1597621   .0525876     3.04   0.002     .0566922    .262832
       _cons |  -4.378866   1.211295    -3.62   0.000    -6.752961   -2.004771
-------------------------------------------------------------------------------
```

위 분석결과에서 귀무가설인 "연비(mpg)의 계수가 0이다"라는 귀무가설은 기각하게 된다. 이때 추정계수(coef.)는 .1597이고, p값은 0.002이다. 즉, 회귀계수가 0.15이기 때문에 mpg가 한 단위 증가할 때 종속변수인 foreign가 로그오즈(log odds)로 0.15 단위 증가한다는 것을 의미한다. 다음은 오도승산비(odds ratio)를 구하기 위해 or 옵션을 추가하여 분석하였다.

그림 5-26 ▌ or 옵션을 추가한 logit 분석결과

```
. logit foreign mpg, or

Iteration 0:    log likelihood =  -45.03321
Iteration 1:    log likelihood = -39.380959
Iteration 2:    log likelihood = -39.288802
Iteration 3:    log likelihood =  -39.28864
Iteration 4:    log likelihood =  -39.28864

Logistic regression                          Number of obs    =         74
                                             LR chi2(1)       =      11.49
                                             Prob > chi2      =     0.0007
Log likelihood =  -39.28864                  Pseudo R2        =     0.1276
```

foreign	Odds Ratio	Std. Err.	z	P>|z|	[95% Conf. Interval]	
mpg	1.173232	.0616975	3.04	0.002	1.05833	1.300608
_cons	.0125396	.0151891	-3.62	0.000	.0011674	.1346911

odds ratio는 1.173이고, p값은 0.002이다. 따라서 연비(mpg)가 한 단위 증가할 때 외국차종(foreign)의 오즈비(Odds Ratio)는 1.173이라 할 수 있다. 오즈비는 $100(e^b-1)$; $e^b = EXP(b)$로 계산되기 때문에 1.173을 적용하면 $100*(1.173-1) = 17.3\%$이다. 따라서 mpg가 한 단위 증가하면 foreign의 오즈비는 17.3% 증가한다고 해석하면 된다.

ref.) 로그오즈(log odds)와 오즈비(odds ratio)는 차이가 있다. 일반적으로 로지스틱이라는 용어는 로짓(logit)이라 부른다. 이는 로그오즈(log odds)의 줄임말이다. 궁극적으로는 오즈(odds)에 로그(log)를 취해준 값을 추정하게 된다. 이를 위해 확률과 오즈비에 관해 논의할 필요가 있다.

예를 들어 100명이 취업프로그램에 참가하여 60명이 취업에 성공하였다면 성공한 확률은 0.6(60%)이 된다. 즉 0과 1 사이의 값을 지닌다. 반면 오즈비는 사건이 발생할 확률이 사건이 발생하지 않은 확률에 비해 얼마나 큰지를 나타내준다. 즉, 1.5(60/(1-60))가 되는데 그 과정은 다음과 같다.

$$확률\ P(A) = \frac{사건\ A가\ 발생하는\ 경우의\ 수}{발생할\ 가능성이\ 동일한\ 전체\ 경우의\ 수}$$

$$오즈(odds) = \frac{사건이\ 발생할\ 확률}{사건이\ 발생하지\ 않을\ 확률} = \frac{P(A)}{1-P(A)}$$

표 5-1 ▌ 확률, 로그오즈, 오즈(odds)와의 관계

확률(P)	로그오즈	승산(odds)	확률 (P)	로그오즈	승산(odds)
0	$-\infty$	0	0.6	0.41	1.50
0.1	-2.19	0.11	0.7	0.84	2.33
0.2	-1.38	0.25	0.8	1.38	4.00
0.3	-0.84	0.43	0.9	2.19	9.00
0.4	-0.41	0.67	0.99	4.59	99.00
0.5	0	1.00	1	∞	∞

〈표 5-1〉은 확률과 로그오즈, 오즈비의 관계가 서로 어떻게 연관되어 있는지를 설명하고 있다. 확률이 0.5일 때 어떤 사건이 발생하거나 발생하지 않을 확률이 동일할 때 로그오즈는 0이고, 확률이 0.5보다 작으면 로그오즈는 음수 값을, 반대로 확률이 0.5보다 크면 양수 값을 갖는다. 한편 확률이 0 또는 1일 경우에는 각각 무한대의 값을 갖는다($-\infty$, ∞).

5.6 다중공선성 및 이분산성 검증

5.6.1 다중공선성(multi-collinearity)

다중공선성은 변수가 하나일 때는 발생하지 않는다. 〈그림 5-27〉을 예로 설명하면 weight나 mpg 등 하나의 독립변수를 사용하여 분석할 경우에는 다중공선성이 발생할 가능성이 전혀 없다.

다중회귀분석을 실행할 경우 불가피하게 weight, mpg, foreign 등의 변수 중 두 변수 이상을 사용할 수 있다. 이 경우 두 변수간 서로 선형관계가 발생할 개연성이 있고, 서로 강한 관련성이 보이게 될 때 분산이 커지게 되는 것이다.

서로 선형관계에 있는 두 변수가 동시에 사용될 경우 다중공선성이 발생할

수 있는 가능성이 큰데, 최악의 경우 하나의 변수를 활용하여(단순회귀분석) 분석할 때는 유의미한 결과가 도출되었다가 두 변수를 동시에 분석할 경우 유의미하지 않게 되는 경우도 있다.

이럴 경우 일반적으로 상관관계분석을 해보면 보통 r값이 0.9보다 클 경우가 많고 0.8 이상이면 문제가 발생할 가능성이 높다. 이때 분산팽창계수를 통하여 변수간 상호관계를 알 수 있다. 다중공선성이 발생되면 그 변수를 모형에서 제외하는 경우를 생각해 볼 수 있고, 변수를 변환(and/or)하는 방법이 있다.

VIF의 산출공식은 $VIF = \frac{1}{1-R^2}$ 이다. 이때 R^2은 결정계수를 의미하고, 일반적으로 VIF가 10보다 크면 다중공선성을 의심해봐야 한다(Kutner, Nachtsheim, and Neter, 2004).

동일한 맥락에서 1/vif가 0.1보다 작으면 다중공선성을 의심해봐야 한다. 다중공선성(vif)을 검정하기 위한 명령어는 estat vif를 활용하면 된다.

그림 5-27 ▌ vif 실행결과

```
. qui reg price weight foreign mpg

. estat vif

    Variable |       VIF       1/VIF
-------------+----------------------
      weight |      3.86    0.258809
         mpg |      2.96    0.337297
     foreign |      1.59    0.627761
-------------+----------------------
    Mean VIF |      2.81
```

ref.) 다중공선성은 두 가지 형태로 나눌 수 있다. 하나는 극단적 다중공선성이고, 다른 하나는 준 극단적 다중공선성이다(Paul D. Allison, 1998). 이때 극단적 다중공선성은 분석모형에 포함된 두 개 이상의 변수들간 완벽한 선형관계가 존재한다는 점이다. 즉 두 변수간 오차가 없다는 것이고 상관계수가 1 또는 −1이라는 점이다. 하지만 이러한 경우는 극단적인 경우일 뿐 존재할 가능성이 적다. 때로는 더미변수를 잘못 사용했을 경우에도 발생되는데 이를 방지하기 위해 집단 수에서 하나의 변수를 제외하여 더미변수를 만드는 근본적인 이유이다(김태근, 2006).

5.6.2 이분산성

이분산성에 대한 가설검정은 Breusch-Pagan/Cook-weisberg검정과 white검정이 있다. 분석을 위해 사용된 예제데이터파일은 sysuse auto이다.

Breusch-Pagan / Cook-weisberg검정

db estat

그림 5-28 ▌ db estat

위 대화창에 subcommand에는 "Test for hettest"를, Test to compute에는 "Breusch-Pagan/Cook-weisberg검정"을 선택하고, Test or heteroskedasticity에는 "Use fitted values of the reg."를 선택한 후 OK버튼을 실행하면 다음과 같은 명령어와 분석결과가 도출된다.

그림 5-29 ▌ gen 실행

```
. qui reg price weight mpg

. estat hettest

Breusch-Pagan / Cook-Weisberg test for heteroskedasticity
        Ho: Constant variance
        Variables: fitted values of price

        chi2(1)      =    14.78
        Prob > chi2  =   0.0001
```

위 분석결과는 카이제곱분포에 근거한 Breusch-Pagan/Cook-weisberg검정 결과이다. 귀무가설은 동분산을 가정하고 있다. 그러나 p값이 0.05 이하이기 때문에 5% 유의수준에서 귀무가설을 기각한다. 즉, 오차항에 이분산성이 존재한다고 할 수 있다.

imtest: white

그림 5-30 ▌ imtest 대화창

그림 5-31 ▌ white 옵션을 적용한 imtest

```
. estat imtest, white

White's test for Ho: homoskedasticity
        against Ha: unrestricted heteroskedasticity

        chi2(5)      =       16.09
        Prob > chi2  =       0.0066

Cameron & Trivedi's decomposition of IM-test
```

Source	chi2	df	p
Heteroskedasticity	16.09	5	0.0066
Skewness	18.40	2	0.0001
Kurtosis	1.10	1	0.2945
Total	35.59	8	0.0000

White 검정 결과, Breusch-Pagan/Cook-weisberg 검정 결과와 마찬가지로 동분산 가정을 기각할 수 있다. 즉, p값이 0.05 이하이기 때문에 5% 유의수준에서 귀무가설을 기각하는데 오차항에 이분산성이 존재한다고 할 수 있다.

이분산성이 존재하면 vce(robust) 옵션을 사용하여 통제가 가능하다. 그러나 vce(robust)을 옵션으로 추정한 후 estat hettest는 불가하다. 따라서 OLS보다는 GLS추정이 더 효율적인 결과를 얻을 수 있다.

카이제곱검정

제 6 장

그림 6-1 ∎ χ^2 분포 도출과정

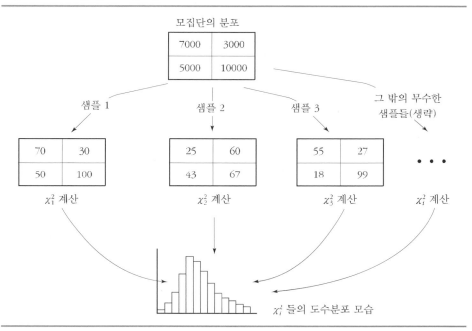

자료: 배득종·정성호(2013). p.215

　　카이제곱검정은 범주형 변수가 서로 통계적으로 관련이 있는지를 검정하는 방법을 말한다. 1개의 범주형 변수만 대상으로 분석하여 tab 명령어를 2개의 범주형 변수를 사용하면 tab2(two-way)의 명령어를 사용하면 되고 옵션은 다음과 같다.

그림 6-2 ▌ chi2 옵션

options	Description
Main	
chi2	report Pearson's χ^2
exact[(#)]	report Fisher's exact test
gamma	report Goodman and Kruskal's gamma
lrchi2	report likelihood-ratio χ^2
taub	report Kendall's τ_b
V	report Cramér's V
cchi2	report Pearson's χ^2 in each cell
column	report relative frequency within its column of each cell
row	report relative frequency within its row of each cell
clrchi2	report likelihood-ratio χ^2 in each cell
cell	report the relative frequency of each cell
expected	report expected frequency in each cell
nofreq	do not display frequencies
missing	treat missing values like other values
wrap	do not wrap wide tables
[no]key	report/suppress cell contents key
nolabel	display numeric codes rather than value labels
nolog	do not display enumeration log for Fisher's exact test
*firstonly	show only tables that include the first variable in *varlist*
Advanced	
matcell(*matname*)	save frequencies in *matname*; programmer's option
matrow(*matname*)	save unique values of *varname₁* in *matname*; programmer's option
matcol(*matname*)	save unique values of *varname₂* in *matname*; programmer's option
‡replace	replace current data with given cell frequencies
all	equivalent to specifying chi2 lrchi2 V gamma taub

<그림 6-2>의 옵션에 관해 설명하면 다음과 같다.

▸ chi2는 피어슨 카이제곱검정을 수행한다.

▸ exact는 피셔의 직접확률 검정을 수행한다.

▸ column은 열백분율을 표시한다.

▸ missing은 결측값을 포함하여 표를 만든다. 기본설정은 제외한다.

▸ nolabel은 값 라벨 대신 코드를 표시한다.

지금까지 알아본 회귀분석은 X-변수와 Y-변수간 상관관계가 있는가를 검증하기 위해 사용하였다. 그러나 교차표분석(chi2)은 행과 열-변수간 관계를 검증하기 위해 활용된다.

교차표분석은 두 변수가 모두 연속변수가 아닌 불연속변수로 구성되어 있다.

그림 6-3 ▌ 불연속변수의 산포도

예컨대 직종(하급직 1, 중간직 2, 관리직 3)과 유색인종 여부간 관계를 검증할 수 있다. 〈그림 6-3〉은 이해를 돕기 위해 employee data를 활용하여 산포도를 그려본 것이다. 그러나 그림에서 보듯이 오차를 최소화하는 직선(회귀직선)을 그릴 수 없다. 왜냐하면 두 변수가 모두 불연속변수이기 때문이다.

　　이러할 경우에 활용되는 통계기법이 chi2인데 표본의 그룹들(유색인종 여부)간 성향차이가 많으면 많을수록 χ^2값은 커지게 된다. 즉, χ^2의 값이 클수록 집단간 차이가 극명하다고 이해하면 된다.

　　〈그림 6-4〉는 χ^2-분포에 관한 그림이다. χ^2값의 최소값은 0이다. 왜냐하면 χ^2값을 제곱하기 때문이다. 일반적으로 χ^2값이 임계치를 기준으로 우측에 위치하고 있을 때 집단간 차이가 있다고 할 수 있다.

그림 6-4 ▌ Chi-square 가설검증

자료: 정성호(2013). p. 92

카이제곱검정을 위한 가정은 다음과 같다.

H₀: 두 변수(집단)는 서로 차이가 없다

H₁: 두 변수(집단)는 서로 차이가 있다.

분석을 위해 사용된 예제데이터 파일은 cancer.dta이며 명령어는 tab이나 tab2 다음에 변수를 지정한 후 피어슨 카이제곱검정을 위해 옵션에 chi2를 입력하면 된다. 추가적으로 두 변수간 기대빈도수를 제시하기 위해 exp를 지정하면 된다(아래 total 참고).

ref.) 피어슨 카이제곱

일반적으로 카이제곱검정은 두 변수가 모두 질적변수일 경우에 사용한다. 두 질적변수의 독립성을 검증하기 위해 계산되는 통계수치를 가리켜 피어슨 카이제곱(peason chi-square)이라 부른다.

6.2 카이제곱검정

그림 6-5 ▌ chi2 분석결과

```
. tab died _d, chi2 exp


 ┌───────────────────────┐
 │ Key                   │
 ├───────────────────────┤
 │       frequency       │
 │  expected frequency   │
 └───────────────────────┘


    1 if
 patient                _d
    died          0           1 │      Total
 ──────────┼────────────────────┼──────────
       0          17           0 │         17
                 6.0        11.0 │       17.0
 ──────────┼────────────────────┼──────────
       1           0          31 │         31
                11.0        20.0 │       31.0
 ──────────┼────────────────────┼──────────
    Total         17          31 │         48
                17.0        31.0 │       48.0

        Pearson chi2(1) =  48.0000   Pr = 0.000
```

검정결과, 피어슨 카이제곱검정은 1% 유의수준에서 귀무가설을 기각한다. 따라서 _d와 died는 차이가 난다고 할 수 있다.

이번에는 예제데이터파일(nlsw88.dta)을 활용하여 Fisher's exact test를 동시에 검증해본다.

Ref.) Fisher's exact test란 피셔가 개발한 교차표분석의 통계적 유의성을 테스트하는 방법 중 하나이다. 원래는 샘플 크기가 작은 경우로 한정되었지만 모든 샘플 크기에 유효하다.

아래 그림은 메뉴창에서 카이검정을 위해 sum, tables, two−way tables with measures of association를 적용한 것이다.

그림 6-6 ▌ chi2 분석을 위한 탭 설정

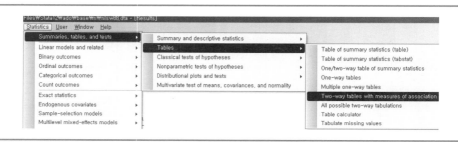

위 과정을 거치면 다음과 같은 대화창이 나온다. 여러 가지 방법의 옵션을 적용하려면 대화창에서 Ok 대신 submit를 적용하면 대화창이 사라지지 않고 계속적인 분석이 가능하다.

그림 6-7 ▌ chi2 대화창 (Pearson's chi-squared)

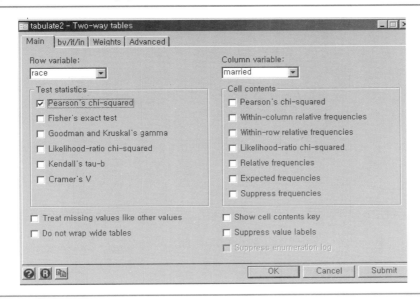

위 그림은 먼저 피어슨 카이검증을 선택한 후 submit를 적용하면 다음과 같은 분석결과가 도출된다. 이 과정은 분석과정을 설명하기 위함이고 옵션으로 chi2를 적용한 것과 동일하다.

그림 6-8 ▌ chi2 대화창 submit 적용 (Pearson's chi-squared)

이미 설명한 바와 같이 submit를 적용하여 대화창이 사라지지 않고 분석결과를 확인할 수 있다. 다음은 기대빈도수를 검증하기 위한 과정을 설명하고 있다.

그림 6-9 ▌ chi2 대화창 (Expected freq.)

동일한 맥락에서 Pearson's chi−squared과 Fisher's exact test를 동시에 적용한다.

그림 6-10 ▌ chi2 대화창 (Pearson's chi−squared & Fisher's exact test)

tabi

tabi명령어는 tab2를 즉석해서 수행하는 명령어이다. 아래 표와 같이 다이어
트를 수행하는 두 그룹이 있는데, 한 그룹은 성공하고 한 그룹은 성공하였다. 다
만 논문을 읽는 가운데 아래 표는 Pr<0.05로 보고하고 있지만 확인이 요구된다
는 가정을 해보자

그룹	성공	실패	전체
A	4	10	14
B	7	3	10
전체	11	13	24

x2= 4.03, Pr<0.05

이때 활용할 수 있는 명령어는 tabi이다. db tabi를 적용하면 대화창이 나오
면 숫자만 입력하면 아래와 같은 명령이 생성된다. 특히 역슬래시(\)를 입력할 때
는 ' '키를 입력하면 된다.

```
. tabi 4 10 \ 7 3, chi2 exact

                    col
        row         1           2           Total

          1         4           10          14
          2         7           3           10

      Total         11          13          24

          Pearson chi2(1) =     4.0328    Pr = 0.045
            Fisher's exact =               0.095
   1-sided Fisher's exact =               0.055
```

예상한 대로, Fisher의 직접확률 검정결과 Pr=0.095로 예측이 맞았다.

T-검정

제 7 장

7.1 가설검정방법 및 옵션

이번 장은 모평균에 이용한 가설검정을 다룬다. 모평균에 대한 가설검정은 Statistics> summaries, tables, and tests> Classical tests of hypothesis를 선택하면 아래와 같이 6가지의 가설검정방법이 있다.

1) One-sample mean-comparison test
2) Mean-comparison test, paired data
3) Two-sample mean-comparison test
4) Two-group mean-comparison test
5) One-sample mean-comparison calculator
6) Two-sample mean-comparison calculator

평균에 대한 가설검정은 모집단의 수에 따라 t－검정과 분산분석으로 구분된다. t－검정은 평균비교 방법이다. t－검정은 모집단이 1개인 경우와 2개인 경우에 분석할 수 있는 분석기법이다. 다만 모집단이 3개인 경우에는 일원배치분산분석(anova)을 활용하여 검정할 수 있는데 이는 다음 <제8장> 분산분석에서 구체적으로 다루기로 한다.

모집단이 1개인 경우 측정횟수가 1번일 경우 (단)일표본 t－검정, 동일한 모집단을 대상으로 2번 측정한 경우 대응표본 t－검정(또는 쌍체비교라 부르기도 함)을 활용하여 평균이 어떠하다는 가설이 맞는지, 또는 2개의 모집단의 평균이 서로 다른지를 검정할 수 있다.

지금부터 위에 열거된 6가지 방법 중 주로 활용되는 일표본 t－검정(1) 참고), 대응표본 t－검정 (3) 참고), 독립표본 t－검정(4) 참고)에 관해 간단히 설명하면 다음과 같다.

또한 T-검정의 옵션은 다음과 같다.

그림 7-1 ▌ ttest의 옵션

options1	Description
Main	
* by(*groupvar*)	variable defining the groups
unequal	unpaired data have unequal variances
welch	use Welch's approximation
level(#)	set confidence level; default is level(95)

* by(*groupvar*) is required.

위의 메뉴 중 가장 흔히 사용하는 Two-group mean-comparison test이다. 지금부터 분석될 독립표본 t-검정, 대응표본 t-검정에 관해 알아보면 다음과 같다.

· ttest score, by(drug)   두 집단 간 비교, 동분산 가정; 독립표본
· ttest score, by(drug) unequal   두 집단 간 비교, 동분산 아님; 독립표본
· ttest score, pop1t5==pop5_17   짝 지은 두 변수 비교(쌍체비교); 대응표본

참고로 단일표본의 예를 들어 보면 다음과 같다. 독자들이 맛이 좋다는 평이 있는 가게에 들어 매일 수제소시지를 산다고 가정하자. 그런데 하루는 매일 사게 되는 소시지의 무게가 의심스럽다(기록된 무게는 300g으로 표시되어 있는데 확인을 해보자). 따라서 50개 표본을 무작위로 추출하여 무게를 기록한뒤 분석을 해보기로 한다.

· ttest weight==300

7.2 t-검정

먼저 메뉴창을 활용하여 t-검정 수행방법을 알아본다.

그림 7-2 ▌ t-검정 메뉴창

편의상 분석을 위해 원 데이터의 drug변수는 1, 2, 3, 4였으나 저자가 편의상 3은 1로, 4는 2로 수정하여 분석하였다.

그림 7-3 ▌ ttest 대화창

다음은 〈그림 7-2〉와 〈그림 7-3〉의 과정을 명령어를 활용하여 분석한 것이다.

그림 7-4 ▌ ttest 분석결과

```
. ttest score, by( drug)

Two-sample t test with equal variances
```

Group	Obs	Mean	Std. Err.	Std. Dev.	[95% Conf. Interval]	
1	10	21	2.703907	8.550504	14.88334	27.11666
2	10	28.8	2.425787	7.671013	23.31249	34.28751
combined	20	24.9	1.981361	8.860914	20.75296	29.04704
diff		-7.8	3.632569		-15.43174	-.1682563

```
    diff = mean(1) - mean(2)                              t =  -2.1472
Ho: diff = 0                             degrees of freedom =       18

    Ha: diff < 0                Ha: diff != 0                Ha: diff > 0
 Pr(T < t) = 0.0228      Pr(|T| > |t|) = 0.0456        Pr(T > t) = 0.9772
```

가운데 있는 p-값(Pr=0.0456)은 양측검정 결과이다. 나머지 두 개의 값 가운데 더 작은 p-값(Pr=0.0228)은 단측검정 결과이다.

분석결과에 의하면 t값은 -2.14이며 p값은 0.045로 두 집단간 점수의 차이가 없을 것이라는 가설은 5% 유의수준에서 기각할 수 있다. 따라서 두 그룹간 점수의 차이는 있다. 즉, drug투여 집단간 score 차이가 있다.

Mean-comparison test, paired data(대응표본 T 검정)

대응표본의 표본간 평균의 차이를 통해 분석하는 기법이다. 예를 들어 실험 전과 실험 후의 차이를 알고 싶을 때 흔히 사용한다.

메뉴창에서 아래의 순서대로 클릭하면 아래의 대화창이 나타난다.

그림 7-5 ▌ 대응표본 T-검정

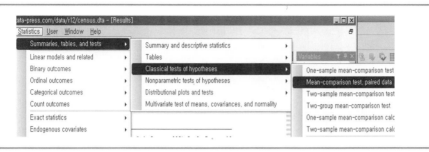

그림 7-6 ▌ 대응표본 T-검정 대화창

위의 대화창에서 신뢰수준이 95로 적용되어 있는 것을 볼 수 있다. 즉 default값이 95를 적용하고 있기 때문에 따로 적용할 필요가 없다. 즉 명령어 ttest poplt5==pop_17, level(95)를 적용하든지 level을 생략하든지 상관없이 아래의 분석과 동일한 분석과정을 거친다.

그림 7-7 ▌ 대응표본 T-검정 분석결과

```
. ttest poplt5== pop5_17

Paired t test

Variable │   Obs       Mean    Std. Err.   Std. Dev.   [95% Conf. Interval]
─────────┼──────────────────────────────────────────────────────────────────
  poplt5 │    50    326277.8   46893.22    331585.1    232042.3    420513.2
 pop5_17 │    50    945951.6   135675.8    959372.8    673300.9    1218602
─────────┼──────────────────────────────────────────────────────────────────
    diff │    50   -619673.8   89138.38    630303.5   -798804.1   -440543.5
─────────────────────────────────────────────────────────────────────────────
    mean(diff) = mean(poplt5 - pop5_17)                        t =  -6.9518
Ho: mean(diff) = 0                            degrees of freedom =       49

Ha: mean(diff) < 0           Ha: mean(diff) != 0           Ha: mean(diff) > 0
Pr(T < t) = 0.0000        Pr(|T| > |t|) = 0.0000           Pr(T > t) = 1.0000
```

위 분석결과를 해석하면 poplt5와 pop_17의 차이가 발생하는 것이 통계적으로 유의미하다고 할 수 있다. 즉, t값은 -6.95이며 p값은 0.000로 poplt5와 pop_17의 차이가 없을 것이라는 가설은 1% 유의수준에서 기각할 수 있다. 따라서 두 표본간 차이가 있다고 할 수 있다.

이해를 돕기 위해 프로그램에 탑재되어 있는 예제파일(sysuse auto.dta)을 활용하여 분석결과가 동일한지 검정해보자.

```
. ttest price, by(foreign)

Two-sample t test with equal variances
```

Group	Obs	Mean	Std. Err.	Std. Dev.	[95% Conf. Interval]	
Domestic	52	6072.423	429.4911	3097.104	5210.184	6934.662
Foreign	22	6384.682	558.9942	2621.915	5222.19	7547.174
combined	74	6165.257	342.8719	2949.496	5481.914	6848.6
diff		-312.2587	754.4488		-1816.225	1191.708

```
    diff = mean(Domestic) - mean(Foreign)                    t =  -0.4139
Ho: diff = 0                                 degrees of freedom =       72

    Ha: diff < 0                  Ha: diff != 0                  Ha: diff > 0
 Pr(T < t) = 0.3401       Pr(|T| > |t|) = 0.6802       Pr(T > t) = 0.6599

. ttest price, by(foreign) level(95)

Two-sample t test with equal variances
```

Group	Obs	Mean	Std. Err.	Std. Dev.	[95% Conf. Interval]	
Domestic	52	6072.423	429.4911	3097.104	5210.184	6934.662
Foreign	22	6384.682	558.9942	2621.915	5222.19	7547.174
combined	74	6165.257	342.8719	2949.496	5481.914	6848.6
diff		-312.2587	754.4488		-1816.225	1191.708

```
    diff = mean(Domestic) - mean(Foreign)                    t =  -0.4139
Ho: diff = 0                                 degrees of freedom =       72

    Ha: diff < 0                  Ha: diff != 0                  Ha: diff > 0
 Pr(T < t) = 0.3401       Pr(|T| > |t|) = 0.6802       Pr(T > t) = 0.6599
```

위 그림에 제시된 바와 같이 두 개의 명령을 수행한 결과 결과값이 정확히 일치한다.

· ttest price, by(foreign)
· ttest price, by(foreign) level(95) 또는 level(99)

이제 신뢰구간을 측정해보자. 추정값의 신뢰구간을 제시해주는 추정명령어 ci, cii가 있다. ci는 연속형 변수의 평균과 신뢰구간을 추정할 수 있고, cii도 동일

한데 ci를 즉석에서 수행할 수 있다는 점이 다르다. 다만 정규분포와 이항분포로
나누어 분석할 수도 있다.

```
. ci price, level(95)
```

Variable	Obs	Mean	Std. Err.	[95% Conf. Interval]
price	74	6165.257	342.8719	5481.914 6848.6

이제 cii를 활용하여 직접 신뢰구간을 구해보자. 이를 위해 종 전 분석결과에
기초하여 cii를 구해본다. 종전 분석결과는 다음과 같다.

```
. ttest price, by(foreign) level(95)
```

Two-sample t test with equal variances

Group	Obs	Mean	Std. Err.	Std. Dev.	[95% Conf. Interval]
Domestic	52	6072.423	429.4911	3097.104	5210.184 6934.662
Foreign	22	6384.682	558.9942	2621.915	5222.19 7547.174
combined	74	6165.257	342.8719	2949.496	5481.914 6848.6
diff		-312.2587	754.4488		-1816.225 1191.708

```
     diff = mean(Domestic) - mean(Foreign)                    t =  -0.4139
Ho: diff = 0                               degrees of freedom =       72

   Ha: diff < 0                 Ha: diff != 0                  Ha: diff > 0
 Pr(T < t) = 0.3401        Pr(|T| > |t|) = 0.6802          Pr(T > t) = 0.6599
```

cii 분석기법은 정규분포, 이항분포, 포아송분포가 있다. 이항분포 형식의 신
뢰구간 측정은 cii obs(전체 관측치) 사건수, binominal을 명령어로 입력하면 되고,
포아송분포 형식의 신뢰구간 측정은 cii 분모 사건수, poisson을 명령어로 입력하
면 된다. 다만 여기서는 편의상 정규분포만을 다룰 것이다. 이 분석을 위해 대화
창으로도 가능한데 명령어는 db cii이고, 다음 그림의 왼쪽 Normal CI calculator,
Binominal CI calculator, Poisson CI calculator가 제시되는데, 그 중 Normal CI
calculator를 클릭하면 오른쪽 대화창이 표시된다. 그 다음은 위 분석결과에 제시
된 obs 74, mean 6165.257, std dev. 2949.496을 차례로 입력한 후 Ok를 클릭하
면 된다.

위 분석결과의 명령어는 다음과 같고, 종전 분석결과와 정확히 일치하고 있다.

```
. cii 74 6165.217 2949.496
```

Variable	Obs	Mean	Std. Err.	[95% Conf. Interval]
	74	6165.217	342.8719	5481.874 6848.56

ANOVA분산분석

제 **8** 장

분산분석은 평균값과 분산을 기초로 여러 집단을 비교하고 이들 집단간 평균값의 차이가 있는지에 관한 가설검정을 하는 분석기법이다. 두 집단간 연속변수의 비교는 t-test가 원칙이다.

두 집단 이상이라고 반드시 t-test가 안 되는 것은 아니다. 이를테면 A, B, C 집단이 있다면 A와 B, B와 C, C와 A그룹으로 나누어 분석하면 된다.

즉, 분산분석은 집단이 3개 이상인 경우 집단간 평균의 차이가 있는지 동시에 비교하는 검정방법으로 분산값의 비율을 이용하여 집단간 평균값의 차이를 검정한다.

이때 독립변수는 이산변수이며, 종속변수는 연속변수이다. 따라서 독립변수로 구분되는 각각의 집단에 속한 평균들이 통계적으로 유의미하게 차이가 있는지를 분석하는 방법이다.

ANOVA의 종류는 다음과 같다.
1) one-way ANOVA: 가장 기본적인 모형으로 독립변수와 종속변수가 각각 1개 씩일 때
2) Two-way ANOVA: 독립변수 2개, 종속변수 1개
3) MANOVA(다변량 분산분석): 종속변수가 2개 이상일 경우
4) repeated measures ANOVA

일반적으로 사회과학분야에서는 one-way, two-way, MANOVA를 주로 활용한다.

그림 8-1 ▌ 분산분석의 흐름

자료: 이훈영(2009), p. 117 일부인용

분산분석(ANOVA)은 여러 그룹으로 구성된 관측치가 존재할 때 관측치의 분산 또는 총제곱합을 분석하여 오차에 의한 영향보다 더 큰 영향을 주는 요인이 있는지를 찾아내는 분석방법이다.

Stata에서는 요인변수가 하나일 때 일원분산분석이라 부르고 요인변수가 둘 이상일 때 다원분산분석(MANOVA)이라 부른다. 일반적으로 분산분석의 각 그룹 모집단에 대한 가정은 다음과 같다.

가정 1: 각 모집단은 정규분포를 따라야 한다. 다만 대표본일 경우 정규분포여부는 만족한다고 보면 된다.
가정 2: 각 모집단의 분산은 동분산이어야 한다.
가정 3: 각 모집단은 서로 독립적이어야 한다.

ref.) 대표본과 소표본
일반적으로 $n > 30$의 관계를 대표본으로 간주한다. 그 이하는 소표본으로 간주한다. 표본의 크기에 따라서 분석방법의 차이가 발생하는데, 통계적 추론에서 모집단에 대한 가정을 전제로 하느냐에 따른 차이가 발생한다. 일반적으로 대표본의 경우 정규성을 만족한다고 보면 된다. 분포가 평균을 중심으로 대칭이 아니고 지나치게 한쪽으로 치우친 왜도패턴의 경우 자연로그를 취하여 정규분포를 만들어 주면 된다.

그림 8-2 ▮ F-분포 도출 원리

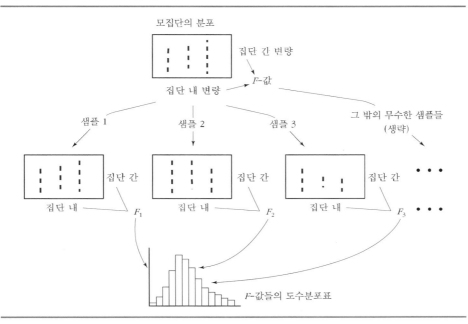

자료: 배득종·정성호(2013), p. 234

그림 8-3 ▮ F-분포($m = 8$, $n = 12$의 경우)

자료: 배득종·정성호(2013), p. 235

분석을 위해 Stata Base Reference Manual[R], Release 14의 anova data set에 있는 reading. dta를 활용한다. 다만 분산분석을 실행하기 위해서는 반드시 long type이어야 한다는 점을 명심해야 한다.

8.1 일원분산분석

예제데이터에 있는 그룹(class)은 5개 그룹으로 나누어져 있고, 일원분산분석은 이 그룹간 읽기 점수는 차이가 있는지에 관한 여부를 분석하는 것이며 가설은 다음과 같다. 즉, 귀무가설(H_0)은 집단간 읽기 점수의 차이가 없다는 것이고, 연구가설(H_1)은 적어도 하나의 그룹은 읽기 점수에 차이가 있다는 것이다.

H_0: $\mu_1 = \mu_2 = \mu_3 = \mu_4 = \mu_5$
H_1: 적어도 하나의 μ_i는 다르다.

실행에 앞서 옵션에 대하여 알아보면 다음과 같다.

그림 8-4 ▐ oneway ANOVA의 옵션

options	Description
Main	
bonferroni	Bonferroni multiple-comparison test
scheffe	Scheffe multiple-comparison test
sidak	Sidak multiple-comparison test
tabulate	produce summary table
[no]means	include or suppress means; default is means
[no]standard	include or suppress standard deviations; default is standard
[no]freq	include or suppress frequencies; default is freq
[no]obs	include or suppress number of obs; default is obs if data are weighted
noanova	suppress the ANOVA table
nolabel	show numeric codes, not labels
wrap	do not break wide tables
missing	treat missing values as categories

   분산분석의 실행은 메뉴를 실행하든지 아니면 명령어창에서 직접 입력하는 방법이 있다. 우선 메뉴를 통해 실행하는 방법을 알아본다.

   메뉴에서 Statistics> Liner models and related> ANOVA/MANOVA> One-way ANOVA를 선택하면 된다.

그림 8-5　▌　one-way ANOVA 메뉴창

　　그 다음 아래와 같은 대화창이 나오는데 종속(반응)변수에 score를 요인변수에 class를 적용하면 된다. 또한 그 아래 다중비교 검정은 사후검정방법으로 Bonferroni, Scheffe, Sidak 중 하나를 선택하면 된다.

그림 8-6 ▌ one-way ANOVA 대화창

지금까지의 과정은 명령어 입력창에서 oneway score class를 실행하면 된다.
ANOVA의 기본원리는 그룹간 변동이 그룹 내 변동에 비해 크면 그룹간의 차
이를 발생시킨다고 볼 수 있어 귀무가설을 기각시키게 된다. 위 검정결과에서
Between groups MS값(864.55)은 그룹간 평균변동이고, Within groups MS값
(266.253)은 그룹 내 평균변동으로 F통계량(3.25)은 Between groups MS/Within
groups MS값으로 위 결과는 검정통계량의 p값(0.0125)은 0.05보다 작기 때문에
유의수준 5%에서 귀무가설(그룹간 차이가 없다)을 기각한다.

그림 8-7 ▎ one-way ANOVA 분석결과

```
. oneway score class

                          Analysis of Variance
     Source             SS         df        MS            F      Prob > F

Between groups        3458.2        4      864.55         3.25     0.0125
 Within groups     78544.7167     295    266.253277

     Total         82002.9167     299    274.257246

Bartlett's test for equal variances:  chi2(4) =   0.8657  Prob>chi2 = 0.929
```

이 분석결과에 의하면 그룹간 읽기 점수는 차이가 있다고 할 수 있다. 또한 분산동일성 검정(Bartlett's test)은 5개 그룹의 분산이 서로 같은지를 판단하는 방법이다. 검정통계량의 p값(0.929)은 0.05보다 크기 때문에 유의수준 5%에서 분산 동일성 가설이 충족된다고 할 수 있다.

8.2 repeated measure ANOVA

이 분석기법은 사회과학분야에서 사용될 여지는 그리 많지 않다. 하지만 의학계열에서는 흔히 사용되는 방법이다. 같은 사람에게 시간차이를 두고 동일한 측정을 여러 번에 걸쳐 사용한다. 예를 들어 a,b,c 항암제를 쓴 환자군에서 항암 치료 전후의 수치를 측정하고자 할 경우 사용된다. 사용된 예제데이터는 t43.dta 이며 투약의 횟수에 따른 점수의 차이를 분석한 내용이다.

그림 8-8 ▌ repeated ANOVA

```
. webuse t43
(T4.3 -- Winer, Brown, Michels)

. anova score person drug, repeated(drug)

                          Number of obs =      20    R-squared     = 0.9244
                          Root MSE      = 3.06594    Adj R-squared = 0.8803

            Source |  Partial SS    df       MS            F      Prob > F

             Model |     1379        7       197         20.96     0.0000

            person |     680.8       4       170.2        18.11     0.0001
              drug |     698.2       3    232.733333     24.76     0.0000

          Residual |     112.8      12        9.4

             Total |    1491.8      19    78.5157895
```

```
Between-subjects error term:  person
                   Levels:  5          (4 df)
     Lowest b.s.e. variable:  person

Repeated variable: drug
                              Huynh-Feldt epsilon        =  1.0789
                              *Huynh-Feldt epsilon reset to 1.0000
                              Greenhouse-Geisser epsilon =  0.6049
                              Box's conservative epsilon =  0.3333

                                         ———— Prob > F ————
            Source |   df     F    Regular    H-F      G-G      Box

              drug |    3   24.76   0.0000   0.0000   0.0006   0.0076
          Residual |   12
```

분석결과에 의하면 개인별로 drug의 횟수에 따라 점수의 차이가 있다고 할 수 있다.

8.3 다원분산분석

    동일한 예제데이터를 활용해 5개 그룹(class)과 2개 그룹(program)의 2개 범주형 변수가 읽기 점수(score)에 미치는 영향을 분석할 수 있다. 다원분산분석의 초점은 그룹과 프로그램에 따라 읽기 점수의 평균이 차이가 나는지 여부이다. 즉 총 10개 그룹의 읽기 점수의 평균값에 차이가 나는지를 검정하기 위한 가설은 다음과 같다.

$$H_0: \mu_1 = \mu_2 = \cdots = \mu_{10}$$
$$H_1: \text{적어도 하나의 } \mu_i \text{는 다르다.}$$

    다원분산분석을 실행하기 위해 메뉴에서 Statistics> Liner models and related> ANOVA/MANOVA> Analysis of variance and covariance를 선택하는 과정을 거치면 다음과 같은 대화창이 실행된다. 그 다음 종속변수에 score를, 모델에 class와 program을 입력한다. Command창에 "anova score class program"을 입력하여도 동일한 결과를 도출할 수 있다. 분석을 위한 다양한 옵션은 다음과 같다.

그림 8-9 ▎ two-way ANOVA

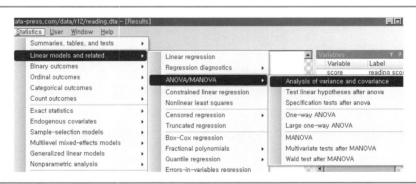

그림 8-10 ▌ two-way ANOVA 대화창

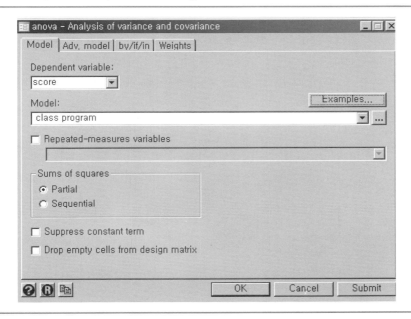

그림 8-11 ▌ two-way ANOVA 분석결과

```
. anova score class program
```

| | | | Number of obs = | 300 | R-squared | = 0.0970 |
| | | | Root MSE | = 15.8706 | Adj R-squared = | 0.0816 |

Source	Partial SS	df	MS	F	Prob > F
Model	7951.27	5	1590.254	6.31	0.0000
class	3458.2	4	864.55	3.43	0.0092
program	4493.07	1	4493.07	17.84	0.0000
Residual	74051.6467	294	251.876349		
Total	82002.9167	299	274.257246		

위 분석결과가 나오는 이유는 class변수의 F검정통계량은 p값(0.0092)은 0.01
보다 작기 때문에 1% 유의수준에서 5개 그룹의 읽기변수의 평균이 모두 같은 것
이 아니라고 말할 수 있다. 또한 program변수는 p값(0.0000)은 0.01보다 작기 때문
에 1% 유의수준에서 2개 그룹의 읽기변수의 평균이 차이가 없다고 말할 수 없다.

즉, 10개 범주(class 5개 그룹과 program 2개 그룹) 사이 읽기 점수의 평균이 모
두 같다는 가설은 기각되기 때문에 그룹간 차이가 있다고 말할 수 있다.

다음은 class와 program의 상호작용변수가 읽기 점수의 평균에 미치는 영향
을 분석하기 위해 상호작용변수(class#program)를 추가하면 다음과 같은 분석결과
가 도출된다.

그림 8-12 ▍ 상호작용효과를 추정한 two-way ANOVA

```
. anova score class program class#program, partial

                           Number of obs =       300    R-squared     =   0.1050
                           Root MSE      = 15.9085    Adj R-squared =   0.0772

            Source    Partial SS      df        MS            F      Prob > F

             Model    8609.68333       9   956.631481        3.78     0.0002

             class       3458.2        4       864.55        3.42     0.0095
           program      4493.07        1      4493.07       17.75     0.0000
     class#program   658.413333        4   164.603333        0.65     0.6270

          Residual   73393.2333      290   253.080115

             Total   82002.9167      299   274.257246
```

종전의 분석과 다른 점이 있다면 상호작용변수가 읽기 점수의 평균의 차이를
발생시키는지에 관한 결과가 도출되었다는 점이다. 위 결과에 따르면 상호작용효
과의 p값(0.627)은 0.05보다 크기 때문에 5% 유의수준에서 귀무가설을 기각할 수
없다. 따라서 class와 program의 상호작용이 존재하지 않는다고 할 수 있다.

ref.) 상호작용이란 회귀분석에서 어떤 독립변수가 다른 독립변수로부터 영향을 받아 종속
변수에 미치는 영향력이 바뀌는 것을 말한다.

8.4 사후검정(다중비교)

지금까지 분석한 결과로는 각 그룹간의 평균에 차이가 있는가에 대한 판단만
할 수 있다. 그러나 구체적으로 어느 그룹간의 평균에 차이가 있는지를 정확히 알
수 없다. 이를 위해 사후검정-다중비교를 분석하면 정확한 차이를 분석할 수 있
다. 사후검정 다중비교는 사후검정 옵션을 실행하면 된다. 일반적으로 옵션으로
사용가능한 사후검정-다중비교(multiple comparison & post hoc test) 방법은 다음과
같다.

1) Bonferroni: 기본적으로 n의 수로 alpha를 나눔
2) Scheffe: 흔히 사용되는 방법으로 각 집단간 n의 수가 다를 경우 사용
3) Turkey: 흔히 사용되는 방법으로 각 집단간 n의 수가 같을 경우 사용
4) Turkey-Kramer: 변형된 Turky방법으로 각 집단간 n의 수가 다를 경우 사용
5) Dunn-Sidak: 흔히 사용되지 않음
6) Fisher's LDS: 흔히 사용되지 않음

ref.) 사후검정(post-hoc test)
일반적으로 사후검정은 F검정에서 유의미한 집단간 차이를 보였을 때 이들 집단간
세부적 차이를 검증하기 위함이다. 즉 집단간 차이를 보였다면 과연 그러한 차이가
어느 그룹간에 발생하고 있는가를 찾기 위해 사용된다.

하지만 본 절에서는 Scheffe방법을 적용하고 tabulate옵션을 사용하여 각 그
룹별 score변수의 평균을 표로 제시한다.

그림 8-13 ▮ 사후검정옵션을 적용한 ANOVA

```
. oneway score class, scheffe tabulate

   class |
nested in |        Summary of reading score
 program |        Mean     Std. Dev.       Freq.

       1 |    56.933333    15.873298          60
       2 |    53.516667    17.305326          60
       3 |    54.266667    16.770501          60
       4 |    57.033333    15.647566          60
       5 |    63.166667    15.929045          60

   Total |    56.983333    16.560714         300

                      Analysis of Variance
    Source            SS         df        MS           F      Prob > F

Between groups      3458.2        4      864.55         3.25     0.0125
Within groups    78544.7167     295    266.253277

    Total        82002.9167     299    274.257246

Bartlett's test for equal variances:  chi2(4) =   0.8657  Prob>chi2 = 0.929

            Comparison of reading score by class nested in program
                                  (Scheffe)
Row Mean- |
Col Mean  |      1          2          3          4

       2  |  -3.41667
          |    0.859

       3  |  -2.66667      .75
          |    0.938     1.000

       4  |      .1      3.51667    2.76667
          |   1.000      0.845      0.930

       5  |  6.23333     9.65        8.9      6.13333
          |    0.359     0.035      0.066      0.377
```

위 분석결과에 의하면 tabulate옵션을 통해 각 그룹별 읽기 점수의 평균은 2번 그룹이 가장 낮고 5번 그룹이 가장 높다. 특히 Scheffe옵션은 각 그룹간 다중

t검정결과이며, 5% 유의수준에서 2번 그룹과 5번 그룹의 평균이 서로 다르고, 10% 유의수준에서 3번 그룹과 5번 그룹의 평균이 서로 다르다 할 수 있다. 총 10개의 평균비교에서 5% 유의수준에서 1개 그룹조합이 평균의 차이를 보인다.

참고문헌

Adkins, L. C. (2011). Using Stata for principles of econometrics. Wiley Global Education.

Baltagi, B. H. (2008). *Econometric Analysis of Panel Data*. 4th ed. New York: Wiley

Baltagi, B. H. (1989). Applications of a necessary and sufficient condition for OLS to be BLUE, *Statistics &Probability Letters*, 8: 5: 457-461.

Greene, W. H. (2012). *Econometric Analysis*. 7th ed. Upper Saddle River, NJ: Prentice Hall.

Hamilton, L. C. (2012). Statistics with STATA: Version 12. Cengage Learning.

Kennedy, Peter. (2003). *A Guide to Economics* (Fifth edition). Messachusette: Cambridge The MIT Press.

Kutner, Nachtsheim, Neter. (2004). *Applied Linear Regression Models*, 4th edition, McGraw-Hill Irwin.

Paul, D. Allison. (1998). *Multiple regression*. Pine forge.

Wooldridge, Jeffrey M. (2015). Introductory econometrics: a modern approach, Fifth Edition. Cengage Learning.

김태근. (2006). u-Can 회귀분석. 인간과 복지.

배득종·정성호. (2013). 통계학헤드스타트. 박영사.

이훈영. (2009). 통계학. 청람

정성호. (2013). STATA를 활용한 사회과학통계. 박영사.

부록

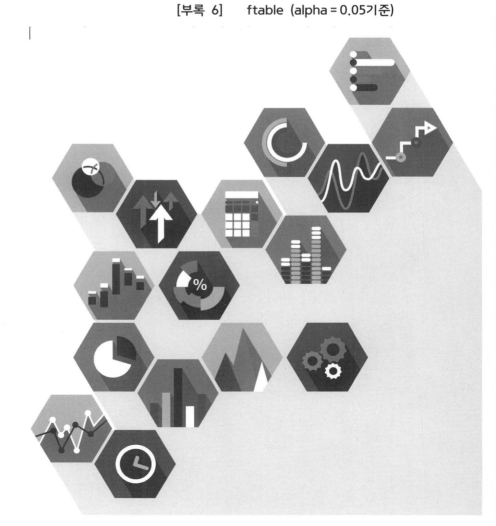

[부록 1] Symbols

! (not), see logical operators

! = (not equal), see relational operators

\& (and), see logical operators

* abbreviation character, see abbreviations

*, clear subcommand, [D] clear

* comment indicator, [P] comments

? abbreviation character, see abbreviations

- abbreviation character, see abbreviations

-> operator, [M-2] struct

., class, [P] class

/* */ comment delimiter, [M-2] comments, [P] comments

// comment indicator, [M-2] comments, [P] comments

/// comment indicator, [P] comments

delimiter, [P] #delimit

< (less than), see relational operators

< = (less than or equal), see relational operators

= = (equality), see relational operators

> (greater than), see relational operators

> = (greater than or equal), see relational operators

~ (not), see logical operators

\char'176 abbreviation character, see abbreviations

~ = (not equal), see relational operators

\orbar (or), see logical operators

자료: STATA structural equation modeling reference manual rel.12

[부록 2] 분포표에 대한 개괄 설명

실증분석을 하다보면 가끔은 Z분포표(표준정규분포), t분포표, χ^2(chi)분포표, F분포표가 필요할 때가 있다. 경우에 따라서는 분포표 그림을 그려야 하는데, 이때 stata를 활용하면 간단하게 분포표(table)를 작성할 수 있다. 따라서 findit를 입력한 후 아래 명령어를 입력한 후 install해야 한다.

```
. findit ztable

. findit ttable

. findit chitable

. findit ftable
```

또한 아래의 명령어를 입력하면 간단하게 분포표(그림)를 그릴 수 있다. 위와 동일하게 findit를 입력한 후 아래 명령어를 입력한 후 install하는 과정이 필요하다.

```
. findit ztail

. findit tdemo

. findit chidemo

. findit fdemo
```

[부록 3] ztable, ztail .05 2 활용(95%수준, 2tail 기준)

```
. ztable
```

```
          Areas between 0 & Z of the Standard Normal Distribution
          .00    .01    .02    .03    .04  |  .05    .06    .07    .08    .09
0.00  0.0000 0.0040 0.0080 0.0120 0.0160 | 0.0199 0.0239 0.0279 0.0319 0.0359
0.10  0.0398 0.0438 0.0478 0.0517 0.0557 | 0.0596 0.0636 0.0675 0.0714 0.0753
0.20  0.0793 0.0832 0.0871 0.0910 0.0948 | 0.0987 0.1026 0.1064 0.1103 0.1141
0.30  0.1179 0.1217 0.1255 0.1293 0.1331 | 0.1368 0.1406 0.1443 0.1480 0.1517
0.40  0.1554 0.1591 0.1628 0.1664 0.1700 | 0.1736 0.1772 0.1808 0.1844 0.1879
0.50  0.1915 0.1950 0.1985 0.2019 0.2054 | 0.2088 0.2123 0.2157 0.2190 0.2224
0.60  0.2257 0.2291 0.2324 0.2357 0.2389 | 0.2422 0.2454 0.2486 0.2517 0.2549
0.70  0.2580 0.2611 0.2642 0.2673 0.2704 | 0.2734 0.2764 0.2794 0.2823 0.2852
0.80  0.2881 0.2910 0.2939 0.2967 0.2995 | 0.3023 0.3051 0.3078 0.3106 0.3133
0.90  0.3159 0.3186 0.3212 0.3238 0.3264 | 0.3289 0.3315 0.3340 0.3365 0.3389
1.00  0.3413 0.3438 0.3461 0.3485 0.3508 | 0.3531 0.3554 0.3577 0.3599 0.3621
1.10  0.3643 0.3665 0.3686 0.3708 0.3729 | 0.3749 0.3770 0.3790 0.3810 0.3830
1.20  0.3849 0.3869 0.3888 0.3907 0.3925 | 0.3944 0.3962 0.3980 0.3997 0.4015
1.30  0.4032 0.4049 0.4066 0.4082 0.4099 | 0.4115 0.4131 0.4147 0.4162 0.4177
1.40  0.4192 0.4207 0.4222 0.4236 0.4251 | 0.4265 0.4279 0.4292 0.4306 0.4319
1.50  0.4332 0.4345 0.4357 0.4370 0.4382 | 0.4394 0.4406 0.4418 0.4429 0.4441
1.60  0.4452 0.4463 0.4474 0.4484 0.4495 | 0.4505 0.4515 0.4525 0.4535 0.4545
1.70  0.4554 0.4564 0.4573 0.4582 0.4591 | 0.4599 0.4608 0.4616 0.4625 0.4633
1.80  0.4641 0.4649 0.4656 0.4664 0.4671 | 0.4678 0.4686 0.4693 0.4699 0.4706
1.90  0.4713 0.4719 0.4726 0.4732 0.4738 | 0.4744 0.4750 0.4756 0.4761 0.4767
2.00  0.4772 0.4778 0.4783 0.4788 0.4793 | 0.4798 0.4803 0.4808 0.4812 0.4817
2.10  0.4821 0.4826 0.4830 0.4834 0.4838 | 0.4842 0.4846 0.4850 0.4854 0.4857
2.20  0.4861 0.4864 0.4868 0.4871 0.4875 | 0.4878 0.4881 0.4884 0.4887 0.4890
2.30  0.4893 0.4896 0.4898 0.4901 0.4904 | 0.4906 0.4909 0.4911 0.4913 0.4916
2.40  0.4918 0.4920 0.4922 0.4925 0.4927 | 0.4929 0.4931 0.4932 0.4934 0.4936
2.50  0.4938 0.4940 0.4941 0.4943 0.4945 | 0.4946 0.4948 0.4949 0.4951 0.4952
2.60  0.4953 0.4955 0.4956 0.4957 0.4959 | 0.4960 0.4961 0.4962 0.4963 0.4964
2.70  0.4965 0.4966 0.4967 0.4968 0.4969 | 0.4970 0.4971 0.4972 0.4973 0.4974
2.80  0.4974 0.4975 0.4976 0.4977 0.4977 | 0.4978 0.4979 0.4979 0.4980 0.4981
2.90  0.4981 0.4982 0.4982 0.4983 0.4984 | 0.4984 0.4985 0.4985 0.4986 0.4986
3.00  0.4987 0.4987 0.4987 0.4988 0.4988 | 0.4989 0.4989 0.4989 0.4990 0.4990
3.10  0.4990 0.4991 0.4991 0.4991 0.4992 | 0.4992 0.4992 0.4992 0.4993 0.4993
3.20  0.4993 0.4993 0.4994 0.4994 0.4994 | 0.4994 0.4994 0.4995 0.4995 0.4995
3.30  0.4995 0.4995 0.4995 0.4996 0.4996 | 0.4996 0.4996 0.4996 0.4996 0.4997
3.40  0.4997 0.4997 0.4997 0.4997 0.4997 | 0.4997 0.4997 0.4997 0.4997 0.4998
3.50  0.4998 0.4998 0.4998 0.4998 0.4998 | 0.4998 0.4998 0.4998 0.4998 0.4998
```

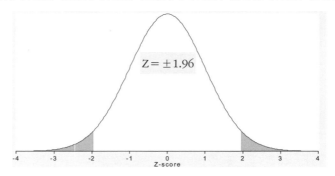

[부록 4] ttable

```
ttable
```

	Critical Values of Student's t						
	.10	.05	.025	.01	.005	.0005	1-tail
df	.20	.10	.050	.02	.010	.0010	2-tail
1	3.078	6.314	12.706	31.821	63.657	636.619	
2	1.886	2.920	4.303	6.965	9.925	31.599	
3	1.638	2.353	3.182	4.541	5.841	12.924	
4	1.533	2.132	2.776	3.747	4.604	8.610	
5	1.476	2.015	2.571	3.365	4.032	6.869	
6	1.440	1.943	2.447	3.143	3.707	5.959	
7	1.415	1.895	2.365	2.998	3.499	5.408	
8	1.397	1.860	2.306	2.896	3.355	5.041	
9	1.383	1.833	2.262	2.821	3.250	4.781	
10	1.372	1.812	2.228	2.764	3.169	4.587	
11	1.363	1.796	2.201	2.718	3.106	4.437	
12	1.356	1.782	2.179	2.681	3.055	4.318	
13	1.350	1.771	2.160	2.650	3.012	4.221	
14	1.345	1.761	2.145	2.624	2.977	4.140	
15	1.341	1.753	2.131	2.602	2.947	4.073	
16	1.337	1.746	2.120	2.583	2.921	4.015	
17	1.333	1.740	2.110	2.567	2.898	3.965	
18	1.330	1.734	2.101	2.552	2.878	3.922	
19	1.328	1.729	2.093	2.539	2.861	3.883	
20	1.325	1.725	2.086	2.528	2.845	3.850	
21	1.323	1.721	2.080	2.518	2.831	3.819	
22	1.321	1.717	2.074	2.508	2.819	3.792	
23	1.319	1.714	2.069	2.500	2.807	3.768	
24	1.318	1.711	2.064	2.492	2.797	3.745	
25	1.316	1.708	2.060	2.485	2.787	3.725	
26	1.315	1.706	2.056	2.479	2.779	3.707	
27	1.314	1.703	2.052	2.473	2.771	3.690	
28	1.313	1.701	2.048	2.467	2.763	3.674	
29	1.311	1.699	2.045	2.462	2.756	3.659	
30	1.310	1.697	2.042	2.457	2.750	3.646	
35	1.306	1.690	2.030	2.438	2.724	3.591	
40	1.303	1.684	2.021	2.423	2.704	3.551	
45	1.301	1.679	2.014	2.412	2.690	3.520	
50	1.299	1.676	2.009	2.403	2.678	3.496	
55	1.297	1.673	2.004	2.396	2.668	3.476	
60	1.296	1.671	2.000	2.390	2.660	3.460	
65	1.295	1.669	1.997	2.385	2.654	3.447	
70	1.294	1.667	1.994	2.381	2.648	3.435	
75	1.293	1.665	1.992	2.377	2.643	3.425	
80	1.292	1.664	1.990	2.374	2.639	3.416	
85	1.292	1.663	1.988	2.371	2.635	3.409	
90	1.291	1.662	1.987	2.368	2.632	3.402	
95	1.291	1.661	1.985	2.366	2.629	3.396	
100	1.290	1.660	1.984	2.364	2.626	3.390	
120	1.289	1.658	1.980	2.358	2.617	3.373	
140	1.288	1.656	1.977	2.353	2.611	3.361	
160	1.287	1.654	1.975	2.350	2.607	3.352	
180	1.286	1.653	1.973	2.347	2.603	3.345	
200	1.286	1.653	1.972	2.345	2.601	3.340	

[부록 4-1] tdemo 4 (df 4 기준)

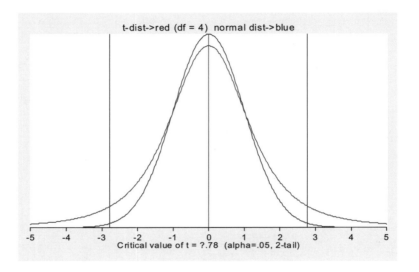

[부록 5] chitable

. chitable

```
          Critical Values of Chi-square
 df     .50      .25      .10      .05     .025      .01     .001
  1    0.45     1.32     2.71     3.84     5.02     6.63    10.83
  2    1.39     2.77     4.61     5.99     7.38     9.21    13.82
  3    2.37     4.11     6.25     7.81     9.35    11.34    16.27
  4    3.36     5.39     7.78     9.49    11.14    13.28    18.47
  5    4.35     6.63     9.24    11.07    12.83    15.09    20.52
  6    5.35     7.84    10.64    12.59    14.45    16.81    22.46
  7    6.35     9.04    12.02    14.07    16.01    18.48    24.32
  8    7.34    10.22    13.36    15.51    17.53    20.09    26.12
  9    8.34    11.39    14.68    16.92    19.02    21.67    27.88
 10    9.34    12.55    15.99    18.31    20.48    23.21    29.59
 11   10.34    13.70    17.28    19.68    21.92    24.72    31.26
 12   11.34    14.85    18.55    21.03    23.34    26.22    32.91
 13   12.34    15.98    19.81    22.36    24.74    27.69    34.53
 14   13.34    17.12    21.06    23.68    26.12    29.14    36.12
 15   14.34    18.25    22.31    25.00    27.49    30.58    37.70
 16   15.34    19.37    23.54    26.30    28.85    32.00    39.25
 17   16.34    20.49    24.77    27.59    30.19    33.41    40.79
 18   17.34    21.60    25.99    28.87    31.53    34.81    42.31
 19   18.34    22.72    27.20    30.14    32.85    36.19    43.82
 20   19.34    23.83    28.41    31.41    34.17    37.57    45.31
 21   20.34    24.93    29.62    32.67    35.48    38.93    46.80
 22   21.34    26.04    30.81    33.92    36.78    40.29    48.27
 23   22.34    27.14    32.01    35.17    38.08    41.64    49.73
 24   23.34    28.24    33.20    36.42    39.36    42.98    51.18
 25   24.34    29.34    34.38    37.65    40.65    44.31    52.62
 26   25.34    30.43    35.56    38.89    41.92    45.64    54.05
 27   26.34    31.53    36.74    40.11    43.19    46.96    55.48
 28   27.34    32.62    37.92    41.34    44.46    48.28    56.89
 29   28.34    33.71    39.09    42.56    45.72    49.59    58.30
 30   29.34    34.80    40.26    43.77    46.98    50.89    59.70
 35   34.34    40.22    46.06    49.80    53.20    57.34    66.62
 40   39.34    45.62    51.81    55.76    59.34    63.69    73.40
 45   44.34    50.98    57.51    61.66    65.41    69.96    80.08
 50   49.33    56.33    63.17    67.50    71.42    76.15    86.66
 55   54.33    61.66    68.80    73.31    77.38    82.29    93.17
 60   59.33    66.98    74.40    79.08    83.30    88.38    99.61
 65   64.33    72.28    79.97    84.82    89.18    94.42   105.99
 70   69.33    77.58    85.53    90.53    95.02   100.43   112.32
 75   74.33    82.86    91.06    96.22   100.84   106.39   118.60
 80   79.33    88.13    96.58   101.88   106.63   112.33   124.84
 85   84.33    93.39   102.08   107.52   112.39   118.24   131.04
 90   89.33    98.65   107.57   113.15   118.14   124.12   137.21
 95   94.33   103.90   113.04   118.75   123.86   129.97   143.34
100   99.33   109.14   118.50   124.34   129.56   135.81   149.45
```

[부록 5-1] chidemo 8 (df 8기준)

[부록 6] ftable (alpha = 0.05기준)

. ftable

```
                         Critical values of F for alpha = .05
           1      2       3       4       5    |    6       7       8       9      10
  1   161.45  199.50  215.71  224.58  230.16  |  233.99  236.77  238.88  240.54  241.88
  2    18.51   19.00   19.16   19.25   19.30  |   19.33   19.35   19.37   19.38   19.40
  3    10.13    9.55    9.28    9.12    9.01  |    8.94    8.89    8.85    8.81    8.79
  4     7.71    6.94    6.59    6.39    6.26  |    6.16    6.09    6.04    6.00    5.96
  5     6.61    5.79    5.41    5.19    5.05  |    4.95    4.88    4.82    4.77    4.74
  6     5.99    5.14    4.76    4.53    4.39  |    4.28    4.21    4.15    4.10    4.06
  7     5.59    4.74    4.35    4.12    3.97  |    3.87    3.79    3.73    3.68    3.64
  8     5.32    4.46    4.07    3.84    3.69  |    3.58    3.50    3.44    3.39    3.35
  9     5.12    4.26    3.86    3.63    3.48  |    3.37    3.29    3.23    3.18    3.14
 10     4.96    4.10    3.71    3.48    3.33  |    3.22    3.14    3.07    3.02    2.98
 11     4.84    3.98    3.59    3.36    3.20  |    3.09    3.01    2.95    2.90    2.85
 12     4.75    3.89    3.49    3.26    3.11  |    3.00    2.91    2.85    2.80    2.75
 13     4.67    3.81    3.41    3.18    3.03  |    2.92    2.83    2.77    2.71    2.67
 14     4.60    3.74    3.34    3.11    2.96  |    2.85    2.76    2.70    2.65    2.60
 15     4.54    3.68    3.29    3.06    2.90  |    2.79    2.71    2.64    2.59    2.54
 16     4.49    3.63    3.24    3.01    2.85  |    2.74    2.66    2.59    2.54    2.49
 17     4.45    3.59    3.20    2.96    2.81  |    2.70    2.61    2.55    2.49    2.45
 18     4.41    3.55    3.16    2.93    2.77  |    2.66    2.58    2.51    2.46    2.41
 19     4.38    3.52    3.13    2.90    2.74  |    2.63    2.54    2.48    2.42    2.38
 20     4.35    3.49    3.10    2.87    2.71  |    2.60    2.51    2.45    2.39    2.35
 21     4.32    3.47    3.07    2.84    2.68  |    2.57    2.49    2.42    2.37    2.32
 22     4.30    3.44    3.05    2.82    2.66  |    2.55    2.46    2.40    2.34    2.30
 23     4.28    3.42    3.03    2.80    2.64  |    2.53    2.44    2.37    2.32    2.27
 24     4.26    3.40    3.01    2.78    2.62  |    2.51    2.42    2.36    2.30    2.25
 25     4.24    3.39    2.99    2.76    2.60  |    2.49    2.40    2.34    2.28    2.24
 30     4.17    3.32    2.92    2.69    2.53  |    2.42    2.33    2.27    2.21    2.16
 35     4.12    3.27    2.87    2.64    2.49  |    2.37    2.29    2.22    2.16    2.11
 40     4.08    3.23    2.84    2.61    2.45  |    2.34    2.25    2.18    2.12    2.08
 45     4.06    3.20    2.81    2.58    2.42  |    2.31    2.22    2.15    2.10    2.05
 50     4.03    3.18    2.79    2.56    2.40  |    2.29    2.20    2.13    2.07    2.03
 55     4.02    3.16    2.77    2.54    2.38  |    2.27    2.18    2.11    2.06    2.01
 60     4.00    3.15    2.76    2.53    2.37  |    2.25    2.17    2.10    2.04    1.99
 65     3.99    3.14    2.75    2.51    2.36  |    2.24    2.15    2.08    2.03    1.98
 70     3.98    3.13    2.74    2.50    2.35  |    2.23    2.14    2.07    2.02    1.97
 75     3.97    3.12    2.73    2.49    2.34  |    2.22    2.13    2.06    2.01    1.96
 80     3.96    3.11    2.72    2.49    2.33  |    2.21    2.13    2.06    2.00    1.95
 85     3.95    3.10    2.71    2.48    2.32  |    2.21    2.12    2.05    1.99    1.94
 90     3.95    3.10    2.71    2.47    2.32  |    2.20    2.11    2.04    1.99    1.94
 95     3.94    3.09    2.70    2.47    2.31  |    2.20    2.11    2.04    1.98    1.93
100     3.94    3.09    2.70    2.46    2.31  |    2.19    2.10    2.03    1.97    1.93
125     3.92    3.07    2.68    2.44    2.29  |    2.17    2.08    2.01    1.96    1.91
150     3.90    3.06    2.66    2.43    2.27  |    2.16    2.07    2.00    1.94    1.89
175     3.90    3.05    2.66    2.42    2.27  |    2.15    2.06    1.99    1.93    1.89
200     3.89    3.04    2.65    2.42    2.26  |    2.14    2.06    1.98    1.93    1.88
225     3.88    3.04    2.64    2.41    2.25  |    2.14    2.05    1.98    1.92    1.87
250     3.88    3.03    2.64    2.41    2.25  |    2.13    2.05    1.98    1.92    1.87
275     3.88    3.03    2.64    2.40    2.25  |    2.13    2.04    1.97    1.91    1.87
300     3.87    3.03    2.63    2.40    2.24  |    2.13    2.04    1.97    1.91    1.86
400     3.86    3.02    2.63    2.39    2.24  |    2.12    2.03    1.96    1.90    1.85
500     3.86    3.01    2.62    2.39    2.23  |    2.12    2.03    1.96    1.90    1.85
600     3.86    3.01    2.62    2.39    2.23  |    2.11    2.02    1.95    1.90    1.85
700     3.85    3.01    2.62    2.38    2.23  |    2.11    2.02    1.95    1.89    1.84
```

[부록 6-1] fdemo 4 32 (df1 (분자) 4, df2 (분모) 32 기준)

ref.) ftable 명령어를 입력하면 alpha의 default 값이 0.05로 지정된다.
만약에 alpha 값을 0.01로 지정하려면 아래와 같은 명령어를 입력하면 된다.

. ftable, alpha(.1)

사 항 색 인

저자약력

정 성 호
한국조세재정연구원 연구위원
대통령소속 지방자치발전위원회 실무위원
e-mail: jazzsh@daum.net; jazzsh@yonsei.ac.kr

STATA 친해지기 - 통계학을 싫어하는 이를 위한 STATA 입문서

초판인쇄	2016년 4월 10일
초판발행	2016년 4월 15일
지은이	정성호
펴낸이	안종만
편 집	전채린
기획/마케팅	송병민
표지디자인	권효진
제 작	우인도·고철민
펴낸곳	(주) 박영사
	서울특별시 종로구 새문안로3길 36, 1601
	등록 1959. 3. 11. 제300-1959-1호(倫)
전 화	02)733-6771
fax	02)736-4818
e-mail	pys@pybook.co.kr
homepage	www.pybook.co.kr
ISBN	979-11-303-0300-0 93350

copyright©정성호, 2016, Printed in Korea

정 가   16,000원